やさしい 障害者福祉入門

制度・法律の背景から最新の改正法まで

矢田貝 泰之 ● 著

中央法規

はじめに

私の兄は、特別支援学校を卒業後、18歳から施設、現在はグループホームで暮らしています。その事業者は障害者の自立支援、就労支援に大変熱心なところで、入所後私が面会に行った際、兄が、それまで見たことのない笑顔をしていて、とてもビックリしたことを覚えています。

それは、バザーをやっていて、自分でつくったものが売れて、お金をもらっているシーンでした。「誰かの役に立って、ありがとうと言われる」。できればそれでお金をもらえる。どんな人にとっても、うれしい、幸せを感じられる瞬間でしょう。

多くの障害のある方が、そうした思いができるような制度をつくっていきたい。厚生労働省で働く私の原点とも言える経験です。

私は、平成7年（1995年）に旧厚生省に入省し、平成8年（1996年）から平成9年（1997年）まで精神保健福祉課の係員、平成20年（2008年）から平成23年（2011年）まで障害福祉課及び企画課の課長補佐、そして令和3年（2021年）9月から令和5年（2023年）7月まで企画課長として、3回障害保健福祉部で働いています。

企画課長として着任した際、なんとなく部内の雰囲気が「固い」感じがしました。前体制が細かいことまで詰めるやり方だったようで、役人としてそれはそれで必要なことですが、もっと障害者福祉をよくするにはどうしたらいいか、せっかく前向きな部局なのだから活発に議論できるような雰囲気にしなければと思いました。

そこで、厚生労働省では、毎朝、関係者にその一日の予定や課題等を共有する朝メールという仕組みがあるのですが、部内全員に朝メールを送ることとして、障害者福祉の法律の歴史や、どういう考え方で制度をつくってきたかなどを、毎朝少しずつ共有する取組を始めました。

障害者福祉の法律には様々な歴史、ドラマがあるのですが、新しく障害者福祉に携わる方は意外と昔のことは知らなかったりします。また、案外、自分が担当していることやその周辺以外の障害者福祉の法律について、よく知らないということもあります。

せっかく障害者福祉にかかわるのであれば、より多くの障害のある方のためになる仕事ができるようにしたい。できれば、部内で、それぞれの思いを持ち寄りながら、前向きに議論できるようにしたい。そうした雰囲気をつくるために、2年間、朝メールを続けてきました。

本書は、書きためてきた朝メールをもとに、一般の方向けに書き換えた上で、障害者福祉に関する法律の歴史、現状、直近の令和4年（2022年）に成立した改正法（以下「令和4年改正法」と書きます。）まで、どのような考え方で制度がつくられてきたか、さらに今後の展望について、まとめたものです。

障害者福祉の歴史等については、それぞれの立場によって見方は異なります。これは私の知見をまとめたもので、意見等はすべて私見となりますが、障害者福祉にかかわる方にとって、一つの参考になれば幸いです。

目　次

はじめに

第1章 障害者福祉の法律の歴史

第2章 障害者福祉の法律の現状

第3章
令和4年改正法

第4章 今後の展望

コラム

第1章

障害者福祉の法律の歴史

全体像

障害者福祉の法律の歴史ですが、例えば世界史を勉強しようとする場合、全体の流れを知ってから、細かいところに入っていったほうがいいと思います。まず、障害者福祉の法律の歴史をダイジェストで書きたいと思います。

我が国の障害者福祉の歴史は、「施設での保護」から「地域移行・地域生活の支援」への変革の歴史と言えると思います。

昭和40年代、知的障害者の親なき後のため、全国の主に人里離れたところに入所施設（コロニー）がつくられました。精神障害者も入院措置が中心でした。保護により衣・食・住は満たされます。しかし、ふつうの暮らしからは、離されていました。

施設に入所すれば、衣・食・住は満たされますが、基本的欲求が満たされれば人は幸せになる訳ではありません。「好きな人と暮らし」、「働くことで、誰かの役に立って、ありがとうと言われる」ことに幸せを感じるのは、障害があっても同様です。

障害のある方も、バザー等で自分達がつくったものが売れた時、本当にうれしそうな顔をされます。また、視察で、精神科病院に30年以上入院されていた方が支援を受けながらアパートに住んでいるのを見させてもらいましたが、本当にいい表情をされていました。部屋も自分の好みで飾り付けされ、「ここで暮らせてうれしい」と何度も仰ってました。

障害者の地域移行・地域生活のためには、その支援を充実させていくことが必要です。平成15年（2003年）施行の支援費制度では、それまでの行政による措置ではなく、契約により支援サービスを使えるようになりました。しかし予算が足りなくなり、厚生労働省が障害者に囲まれるということもありました。平成18年（2006年）施行の障害者自立支援法では、三障害共通の制度とするとともに、利用者負担を原則1割負担とする一方、予算は義務的経費となり、利用量に応じて予算も増えていくことになりました。

平成24年（2012年）施行の改正法では、利用者負担を応能負担に戻す一方、障害者の地域移行・地域生活を支える上で重要な役割を果たす相談支援等の大幅な充実を図りました。障害児支援について40年ぶりに児童福祉法も改正し、通所施設名から障害の文言をなくし児童発達支援として早期支援の充実が行われました。平成25年（2013年）には障害者自立支援法が障害者の日常生活及び社会生活を総合的に支援するための法律（以下原則として「障害者総合支援法」と略します。）となっています。

施設では、何かあれば支援員がかけつけてくれます。逆に言えば、地域生活でも何かあればかけつけてくれる仕組みや、不調時に一時的に入所するショートステイの仕組みがあれば、入所・入院ではなく地域で暮らせるという方は多くいます。

平成30年（2018年）施行の改正法でも、地域で暮らす障害者を定期的や随時に訪問する「自立生活援助」等が新設されました。

そして、その施行3年後の見直しが、社会保障審議会障害者部会で議論され、令和4年（2022年）の臨時国会で障害者総合支援法等の一部改正法が成立しています。主眼はやはり、障害者本人の希望に一層応える地域生活の支援や、障害者の持っている力に応じた就労を支援するための雇用と福祉の連携強化などです。

障害者自立支援法の施行後、関係予算額は約3倍に伸びています。これまでサービスが届いていなかった障害児や精神障害者への支援が伸びていることが背景にあります。しかし、支援が目的ではなく、「障害者がふつうに暮らし、ふつうに働ける」社会の実現が目標です。障害者の真の願いがかなえられるよう、引き続き支援のあり方を検討し、進化させていくことが必要と考えられます。

以上が、障害者福祉の法律の歴史の概観です。それでは、戦後から、障害者福祉の法律の歴史を書いていきたいと思います。

戦後から、施設中心の保護政策（昭和24年～昭和60年代）

●身体障害者福祉法

我が国で障害者に着目した最初の法律は、昭和24年（1949年）制定の身体障害者福祉法です。

戦前・戦中は、障害者への支援は、救貧対策の中で行われていたものと、軍人向けに行われていたものがありますが、身体障害者福祉法は一般の障害者のための福祉法として制定されました。（国立の障害者施設も、軍人向けのものが転用されたものがあります。)

当時から、結核回復者、精神障害者、知的障害者等も対象とすべきとの議論があったそうですが、諸外国でも盲、ろうあ、肢体不自由と対象を広げていたことや財政事情等から、身体障害者が対象とされたそうです。(三障害の一元化は平成18年(2006年)施行の障害者自立支援法ですから、もしこの時障害種別を問わないユニバーサルな制度ができていたら違う歴史になっていたことでしょう。)

身体障害者福祉法ができる前後には、児童福祉法(昭和22年(1947年))、生活保護法(昭和25年(1950年))など、福祉についての基本的な法律が制定されています。

いずれも目的は「救貧」でした。(その後の社会保障は「防貧」が主になっていきます。)

同時に、昭和25年には、社会保障制度審議会が、有名な昭和25年勧告*1を出しています。その後の社会保障の姿を描いたグランドデザインであり、当時も立派な人が日本にいたのだなあ、と感心してしまいます。

身体障害者については更生施設、授産施設、補装具、鉄道運賃の減免等が書かれており、当時の支援の主眼がうかがえます。

*1:「社会保障制度に関する勧告」(昭和25年10月16日)。日本国憲法第25条に規定された「社会保障」を初めて体系化し、具体的な範囲や方法を示した文書として、広く知られています。

●知的障害者福祉法[*2]

知的障害者については、精神薄弱者福祉法ができたのが、昭和35年（1960年）です。実は、それよりも前に、児童福祉法に、精神薄弱「児」施設が位置づけられていました。その後、昭和35年に、大人になってからの入所施設も制度化されたという経緯です。

知的障害者については、平成8年（1996年）まで、厚生省の児童家庭局で所管していました。障害福祉課も、児童家庭局での課名でした[*3]。

知的障害のある子を、親なき後もどうしていくのかというのが、最初の支援の主眼だったのだと思います。

知的障害者については、親なき後の障害者の保護を求める声を踏まえ、昭和40年代に、全国に入所施設（コロニー）がつくられることになります。

どちらかというと、街の中というよりは、山の上などにです。施設をつくって保護をするというのは、ハンセン病療養所からつながる、当時の考え方だと思います。

しかし、衣・食・住が満たされれば人は幸せになる訳ではなく、ふつうに暮らし、ふつうに働き、誰かの役に立つ、という幸せが大切であり、近年は、地域移行、地域生活支援が、施策の柱に変わってきています。

ただ、視察の際、重症心身障害者[*4]の親の方のお話を聞いたのですが、皆さん80代まで在宅で子ども（50代くらい）を世話しており、親なき後のため、重度の者のための施設を増やして欲しい、との意見をうかがいました。（ギリギリまで家族で、限界が来たら施設というのは、本来好ましくないと思うのですが…。「親なき後は施設」や「施設か家族かの二者択一」ではなく、「親あるうちから福祉サービスを使い、地域で暮らす」が目指すべき姿と思っています。）
「施設と地域」の問題は、障害者福祉を考える上で中心的な論点です。

●精神衛生法

精神障害者については、明治33年（１９００年）の精神病者監護法による私宅監置、要すれば、家で閉じ込め保護することから始まって、大正８年（１９１９年）に精神病院法ができ、昭和25年（１９５０年）にそれらは廃止され精神衛生法ができます[＊5]。

＊2：「知的障害者福祉法」は、制定当時は「精神薄弱者福祉法」という名称でした。その後、平成11年（１９９９年）に「精神薄弱」の語が見直された際に、現在の名称となっています（コラム「言葉シリーズ②【知的障害】」（29頁）参照）。

＊3：身体障害者は社会・援護局更生課が、精神障害者は保健医療局精神保健課が所掌していました（「障害保健福祉部」の項（23頁）参照）。

＊4：重度の肢体不自由と重度の知的障害とが重複した状態を重症心身障害といい、その状態にある子どもを重症心身障害児、大人を重症心身障害者と呼びます。

＊5：「精神衛生法」は、昭和62年（１９８７年）の改正で「精神保健法」となり、平成7年（１９９５年）の改正で「精神保健及び精神障害者福祉に関する法律」（精神保健福祉法）となっています。

そして、昭和39年（1964年）に、ライシャワー駐日大使刺傷事件が起き、精神科病院への収容色が強まります。知的障害者は入所施設（コロニー）へ、精神障害者は精神科病院へと、入所・入院が主となるのです。

マスコミも、当時は、精神病者はしっかりと収容すべし、との論調です。「精神障害者がどのように扱われているかは、その国の文化レベルを表す」と言われますが、日本の障害者福祉は国際的に見ても異例な道をたどってきたと思います。

●入所・入院を中心とした障害者福祉

諸外国では、1960年代半ばから、ノーマライゼーションの理念の下、入所施設を縮小していく取組が始まっています。知的障害者の入所者数を見ると、デンマークは1950年（昭和25年）に約9000人だったのが1995年（平成7年）には約800人に、スウェーデンでは1970年（昭和45年）に約1万3000人だったのが2000年（平成12年）に約300人に、アメリカでも1963年（昭和38年）に20万人弱だったのが2009年（平成21年）までに約6万人（公立施設居住者数）となっています。

一方でこの期間に、日本は、施設を増やしていきます。

日本の入所・入院を中心とした障害者福祉の歴史は、ハンセン病療養所の歴史と重なるところがあると思います。

私は、入省１年目に係員として「らい予防法の廃止に関する法律」に携わり、廃止が遅れたことを謝罪するため幹部と共に全国15の療養所のうち四つを訪れたことがあるのですが、本当に人里離れたところに、抗生物質ができる前に入所され30年以上そこで暮らされている方々を見て、不勉強でそうしたことがあることを知らなかったこともあり、大変大きな衝撃を受けました。

そして、２年目の精神保健課で精神科病院を見に行った際に、病院自体は街中にあるのですが、ある病棟に、30年以上入院されている方々を見て、これまた衝撃を受けたことを思い出します。

コラム１▼インターネットがない時代の調べもの

余談ですが、当時はインターネットがなかったので、「・・・法の廃止に関する法律」という題名の先例を探すために、官報を月ごとに本にした法令全書を一冊一冊調べて、昭和40年代まで遡ってようやく前例を探し出したことを思い出します。（単に法を廃止するだけではなく、廃止後も療養所にいられるようにするという内容だったため、「廃止に関する法律」とされました。）

●入所・入院が主となった理由

日本が、入所・入院が主となった理由については、以下すべて私見ですが、

⑴　施設や病院に預けていると安心、施設や病院に預けることはいいこと、という感覚があったのでは。

⑵　昔の社会では、地縁・血縁の中で、障害のある者も共生できていたのかもしれませんが、戦後、

都市集中、核家族になって、そうした地域での包容力が落ちて、施設頼りになったのでは。経済成長が優先され、施設での集団での保護に偏ったのでは。

(3)　日本人は、外見を気にする（悪い言葉で言えば見て欲しくないものにふたをする）ところがあるのでは。また、同質性をよしとするところがある（悪い言葉で言えば皆と異なることを喜ばない）のでは。（私が子どもの頃などは、諸外国と比べて街の中に車いすの人が少ない、と言われることがありました。）

などなどと思うところがあります。

今般のコロナ禍でも、感染した芸能人を必要以上にたたいたり、県外ナンバーの車を見たら非難したりと、必要以上に同調圧力があったように思いますし、感染対策が優先されて障害者の外出支援が減ったという話も聞きました。何を優先するかの感覚で、当事者の思いが一番ではないところがあるように感じます。

障害者が施設で暮らす社会と、地域の中で共に暮らすノーマライゼーション、インクルージョンの社会を考える時、福祉施策が分断を生むことがあることに注意しなければならないと思っています。

また、子どもの時に、身近に障害児がいれば、それが当たり前になるのですが、特別支援学校、そして児童発達支援が充実すればするほど、学校や保育園の中に障害児がいなくなってしまいます。それで18歳になったら共に暮らし、共に働くと言っても、構えてしまいます。並行通園のような仕組みを充実していかなければなりません。

●障害者の地域生活を支える仕組み

障害者の地域生活を支える仕組みが出てきたのは、１９８０年代頃からでしょうか。

昭和61年（１９８６年）に障害基礎年金の創設、そして、平成元年（１９８９年）に知的障害者のグループホーム制度が創設されます。当時の障害福祉課長は浅野史郎元宮城県知事です。

昭和62年（１９８７年）には精神衛生法が精神保健法になって、精神障害者社会復帰施設が制度化されています。

昭和56年（１９８１年）は国際障害者年。「完全参加と平等」です。当時私はまだ小学生でしたが、なんとなくテレビで何度も今年は国際障害者年と流れていた記憶があります。24時間テレビもこの頃からだと思います。

昭和55年（１９８０年）１月の参議院本会議で、大平正芳総理大臣が次のような答弁をしています。ノーマライゼーションの考え方が出てきたことがうかがえます。

「障害を持つ人々が一般社会の中で自由に活動し、現代社会の各般にわたる生活を享受できるような社会を実現することが今後における政治の大きな課題」

「障害者の参加と平等を実現することは、障害者が社会の通常の一員として社会、経済、文化等の活動においてその方向の決定段階から参加され、かつその発展に貢献され、またそうした社会の発展の結果を教育、雇用、社会保障、文化等の各部門において平等に享受され、同時に平等に責任を負われるような社会をつくることである」

コラム2 ▼ 日本40年周期説

日本40年周期説をご存じでしょうか。

明治維新の明治元年（1868年）から日露戦争の明治38年（1905年）までが右肩上がりの時期で、奇跡の勝利に浮かれた明治39年（1906年）から終戦の昭和20年（1945年）までが下り坂の時期、昭和21年（1946年）からバブル前の昭和60年（1985年）までが再度右肩上がりの時期で、バブルに浮かれた昭和61年（1986年）から令和7年（2025年）?までが下り坂の時期。

若い皆さま、令和7年から再度右肩上がりの時期になりますでしょうか。楽しみですね。

で、日本の障害者福祉が変わり始めるきっかけとなった国際障害者年の昭和56年（1981年）から、令和3年（2021年）がちょうど40年。この40年は、障害者福祉が大きく進んだ時期と言えると思います。

施設からグループホームへ（昭和60年代～平成一ケタ年代）

●グループホーム

障害者の地域生活のための大きな仕組みがグループホームです。

施設や病院でも、障害者が自律的に生活することは運用により可能とは思いますが、知的障害者のグループホーム制度導入の前年の昭和63年（１９８８年）、中央児童福祉審議会では、①入所施設は自ら選んだところではないこと、②管理性・閉鎖性があること、③プライバシーの制限があること、を指摘しています。

そして、制度導入時のグループホームの性格は、当時の運営マニュアルによると、「指導・訓練的なものは最小限であり、管理性を排除したものであること」「障害を持った人々が少人数で支え合って暮らすものであること」など、ミニ施設ではなく共同生活の意味合いが強いものであり、利用者も就労（福祉的就労を含む）していることが要件であるなど、認知症グループホームのような介護目的のものとは全く異なるものでした＊6。

当初のグループホームのイメージは、自由な共同生活の場です。

＊6：今でも障害者のグループホームは障害支援区分がなくても利用可能となっています（「介護給付、訓練等給付」の項（96頁）参照）。

その日何を食べるかも、自分達で決められ、それを世話人さんが手伝うというイメージです。（このため、当時、世話人さんは「ふつうのおばさん」でいいのだと言われていたようです。）

何を食べるかを考えるということはとても重要なことだそうです。高齢者介護に関しても、何を食べるかを自分で考えないようになると、脳が衰え老化が進むという話を聞いたことがあります。施設や病院で、三食、同じ時間に待っていれば食べ物が出てくるという生活を続けることは、人間の生きる力をうばっていく面があるのではないかと思います。

●施設とグループホーム

企画課長になってから、神奈川のある障害者施設の視察に行きましたが、久しぶりに「衝撃」を受けました（過去三本の指に入るくらい）。

強度行動障害[*7]の方を受け入れているのですが、精神科病院で拘束されていたり他の施設で手に負えなかったりする方を受け入れているにもかかわらず、

・受け入れの初日に、その当事者の方と、施設で何を目標にするのか、話をするのです。そんなの無理だろうと思ってビデオを見たのですが、どんな障害の方にも心があり、それを尊重するという、文字にすると当たり前のことを本当に実践しており、
・そして、受け入れの初日から、本当に、就労をさせるのです。やることをつくるということかもしれません。そうすると、他の施設では、拘束されていたり、表情がなかったり、歩くのもま

まならない方が、本当に、作業をして、歩けるようになって、表情も出てくるのです。

・また、例えば赤ちゃんが足の裏をさわられると反応するなどという「反射」が行動障害に関係していると考え、そうした本人にとって不快な刺激をコントロールすることで落ち着かせる。例えば、食事を投げてしまっていたような方も、実は舌がうまく使えないというのが原因にあって、そこを和らげていくことで自分で食べられるようにしていました。

・そして、平均5年くらいで、施設からグループホームに移行させていました。まさに、専門性の高い「止まり木」のような、施設のあり方です。

他でも強度行動障害の方について先駆的な支援を行っているところがあり、そうした取組をどう他に広げていくのかが、我々の仕事だよなあと思いながら帰ってきました。（福祉施設の方についての私の印象ですが、老舗のうなぎ屋・ラーメン屋のように、とてもおいしいのですが、その味を他に広げようとか、他の店の味を調べてみようという感覚に乏しい面があると思っています。）

●施設は「止まり木」

施設は「止まり木」という言葉は受け売りです。前熊本県知事、元社会保障審議会障害者部会長の潮谷義子さん（知事になる前は乳児院の施設長さんでした。）が、施設は「止まり木」のような

＊7：自分の体を叩くなど本人の健康を損ねる行動や、他人を叩いたり物を壊すなど周囲に影響を及ぼす行動が著しく高い頻度で起こるため、特別に配慮された支援が必要になっている状態。

ものとよく言われていました。

平成20年（２００８年）12月の障害者部会報告書では、地域における入所施設の役割として、次のように書かれています。

「障害者入所施設については、常時介護が必要な障害者等について施設において必要な支援を行う役割を果たしている。

今後、専門性を持つ地域の資源として、

① 施設に入所している障害者について、地域との交流等、社会体験の機会を増やしていくことを含め、入所者に対する地域移行の支援

② グループホームやケアホームの実施、日中活動系の事業、短期入所、訪問事業の実施など、地域生活を支えるための支援

の役割について、更に果たしていくべきと考えられる。」

独立行政法人国立重度知的障害者総合施設である高崎ののぞみの園に視察に行った時に、強度行動障害や触法障害者の方の有期かつ専門的な支援を進めていることが印象に残りました。同時に、長期入所者について山の下のグループホームに地域移行を進めていて、施設では話さなかった方が、グループホームに住むようになってから話すようになった、という話も印象に残っています。

医療上の必要性等から、施設での支援が必要な方もいらっしゃるのだと思いますが、高齢者と異なり、障害者の支援は長年にわたることが多く、施設での毎日同じ生活リズム、ルールの下での集

団生活から、可能になった方は、自由のある、変化を選べる、自立した生活を送れる環境で過ごせるようにしていったほうが、障害のある方の力をより発揮していただくためにもいいのではないかと思っています。

●もう施設には帰らない！

昔、入所施設からグループホーム等での生活に移行した方の声をまとめた『もう施設には帰らない』という本＊8を読んだことがあります。印象に残った声として、

・「施設との違い。買い物は自分で選んで自由になりました。街に出るときも好きな時間に出かけ、好きな時間に帰ることができました。」（46歳男性）＊9

・「施設では、ここ（胸を指す）の中のことを言うと怒られた。」「僕は施設には絶対に戻りたくない。何のために僕はたくさんがまんしていたのか、わからないからです。」（53歳男性）＊10

・「あぁ、これは絶対いやだったことなんやけど、「これを着なさい」って着る服を決められたことか、お化粧ができなかったこととか、必要以上なところには連れて行ってもらえんかったこ

＊8：「10万人のためのグループホームを！」実行委員会編『もう施設には帰らない　知的障害のある21人の声』、中央法規出版、２００２年。
＊9：前掲書59頁より。
＊10：前掲書78頁より。

ととか、自由に外出ができんかったことかな。」（38歳女性）＊11

やはり、管理性の高い施設よりも、自由度が高いグループホームの暮らしのほうが、うれしいようです。

もちろん、今は、自由度の高い施設も出てきています。当事者中心で支援していくべきことは共通していますが、家賃は自分で払う共同「住居」（＝グループホーム）のほうが、基本的に自由度は高いのです。逆に、グループホームなのに管理性が高いというのは本来の姿ではありません。

●地域移行の取組～伊達（北海道）

実際に障害者の地域移行を進めているところで、印象に残っているものをご紹介します。

もう10年以上前に視察したものですが、北海道の伊達では山の中腹にあるコロニー施設の入所者の地域生活への移行を進めるため、街の中の空き家等を活用してグループホームを増やし、地域生活支援センターを中心にした支援体制がつくられていました。３００人を超える方が支援を受けられており、街の至るところにグループホームを見ることができました。

それこそ、空き家はもちろん、アパートの空き室もグループホームにしているイメージで、本当に障害者の住まいが街中に色濃く溶け込んでいて、正直「すごい」と思ったことを覚えています。

●地域移行の取組～雲仙（長崎）

地域移行では、長崎県の雲仙も有名です。「脱施設」「ふつうの場所でふつうの暮らしを」の考え方のもと、入所施設を廃止し、その代わりグループホームやアパートでの生活の支援が行われています。

法人の前理事長（令和3年（２０２1年）の8月に死去）がかつてインタビューで「施設に入所している人に何もさせていない。何の目的もない。これは申し訳ないこと。」と語られ、就労を重視していることも印象的でした。「障害のある人は働けない人ではなく、働く機会や訓練の機会が与えられていなかったのが問題」と、様々な就労事業を先駆的に行われていました。

さらには、障害者どうしの結婚相談室をつくって、結婚・家庭生活の支援を始められたのです。「ふつうの場所で、愛する人との暮らしを」と、何が障害者にとっての幸せか、それを支援するというぶれない姿勢が際立っていました。

また、前理事長がすごかったと思うところは、刑務所出所者支援に取り組まれたことです。刑務所の中には、知的障害のある方が多くいる（約2割）と言われています。手帳[＊12]を持ってなく福祉に結びついておらず、三食食べられる刑務所に戻るために窃盗等を繰り返している。

この事実を知った時、皆さまならどうするでしょう。支援をするには財源がいる。そもそも支援をする人がいるのか。担当する部署はどこなのか。

＊11：前掲書111頁より。
＊12：ここでいう手帳は、いわゆる「療育手帳」のことです。地方自治体により様々な名称が用いられていますが、この手帳により様々な支援が受けられます（「知的障害者の定義」の項（91頁）参照）。

やれない理由を列挙するのは簡単ですが、前理事長は「検討はいいから始めなさい」です。調査研究事業を手始めに、国に制度化を働きかけ、地域生活定着支援センターが制度化され、実施都道府県を増やしていき、全都道府県で刑務所出所者を福祉につなぐ取組が行われています[*13]。

刑務所出所者支援は出口支援と呼ばれますが、入口支援も行われています。検察の取り調べ等の段階から、福祉による支援が必要な方に連携して支援を行っていこうという取組です。釈放後直ちに福祉サービスを利用し、地域生活へ定着できるよう支援等を行います。(厚生労働省の元次官が逮捕され、無罪となりましたが、元次官でさえ検察の取り調べで大変な思いをされました。元次官は、不当な勾留の賠償で得たお金をすべてこれらの活動に寄付されています。)

前理事長の取組は、福祉だけでなく司法のあり方も見直す取組となりました[*14]。

●地域移行の取組～駒ヶ根(長野)

地域移行に関しては、私は行ったことがないのですが、長野県の駒ヶ根も有名だと聞いたことがあります。

県立施設からの地域生活への移行を進めており、同県の社会福祉事業団が地域移行した方への聞き取り調査を行っています。

それによれば、施設での生活と比べ、

・　個室となり利用者同士の干渉が減った、

・　食事が選べるようになった、
・　外出しやすくなった、

等の声がでていたとのことです。

プライベートが守られ、自由が増えるようになる。それにより、幸せが増すようになっているのだと思います。

●国が地域移行に舵を切ったのはいつか

それでは、国が施設中心から地域移行に舵を切ったのはいつごろでしょうか。

約50年前の昭和46年（１９７１年）には、国立コロニー（現在は「のぞみの園」）が設置されるとともに、社会福祉施設緊急整備５か年計画が実施され、各地に障害者施設が増えていきました。

精神障害者についても昭和39年（１９６４年）のライシャワー駐日大使への刺傷事件を契機として、精神科病院の増設や措置入院制度の見直しなどが行われました。

その後、昭和61年（１９８６年）の障害基礎年金の創設、平成元年（１９８９年）の知的障害者

＊13：厚生労働省で担当しているのは社会・援護局総務課です。障害者だけではなく高齢者などにも出所者支援が必要な方がいます。社会・援護局は福祉の取りまとめの役割を担っています。

＊14：前理事長をしのぶ会が島原で行われました。前記の元次官もいらっしゃっていましたが、検察や法務省の幹部の方などもいらしていました。

のグループホーム制度の創設など、障害者の地域生活を支える仕組みも見られるようになりますが、平成7年（1995年）に策定された「障害者プラン」においても、「待機者を解消することができるよう、特に不足している施設を整備する」旨示されており、まだ施設を増やしていく政策がとられていたことが分かります。

後で詳細に述べますが、平成12年（2000年）に介護保険制度がスタートし、まず高齢者福祉で、措置制度*15から契約制度への転換や、在宅支援を重視する政策がとられます。その後、障害者福祉でも、社会福祉基礎構造改革の一環として平成15年（2003年）に支援費制度がスタートします。在宅支援を充実していこうという制度改正が行われていきます。

そして、制度改正と並行して、平成14年（2002年）に策定された「障害者基本計画」において、「「障害者は施設」という認識を改めるため、保護者、関係者及び市民の地域福祉への理解を促進する」「入所施設は、地域の実情を踏まえて、真に必要なものに限定する」と、初めて施設中心の政策からの転換が打ち出されました。

平成18年（2006年）に施行された障害者自立支援法では、「障害者が自ら選択した場所に居住することができるよう必要な給付を行う」旨が市町村の責務として規定されます。同年の障害福祉計画の策定に当たっての基本指針（厚生労働大臣告示）において、「平成23年度末の施設入所者数を現時点の施設入所者数から7％以上削減する」と、施設の入所定員の減が打ち出されます。

障害保健福祉部の誕生（平成8年）

●障害保健福祉部

厚生労働省（当時は厚生省）の障害保健福祉部は、平成8年（1996年）7月に、社会・援護局の更生課、児童家庭局の障害福祉課、保健医療局の精神保健課が一緒になって誕生しました。私は保健医療局配属で、同年5月頃から精神保健課にいましたので、障害保健福祉部の1期生になります。フロアも違った3課が集まり、障害保健福祉を盛り上げていこうという雰囲気が漂っていたと記憶しています。同年7月からは、企画課、障害福祉課、精神保健福祉課（平成18年（2006年）4月からは精神・障害保健課）の3課となっています。

平成8年に障害保健福祉部ができた背景としては、

(1) 平成7年（1995年）の障害者プラン策定（高齢者のゴールドプラン、子どものエンゼルプランに続く、三つ目のプランです。）、

(2) 同じく平成7年に、精神保健法が精神保健及び精神障害者福祉に関する法律（以下原則として「精神保健福祉法」と略します。）に改正され、精神障害者が福祉の対象であることが明確になった

＊15：福祉サービスについて、行政が必要性を判断し、行政の権限で提供していく仕組み。現在では、利用者の意向に基づく契約により福祉サービスを利用する仕組みが主となっています。虐待された児童の入所などは現在も措置制度となっています（「介護保険～措置から契約に」の項（35頁）参照）。

図１：障害保健福祉を所管する部局の変遷

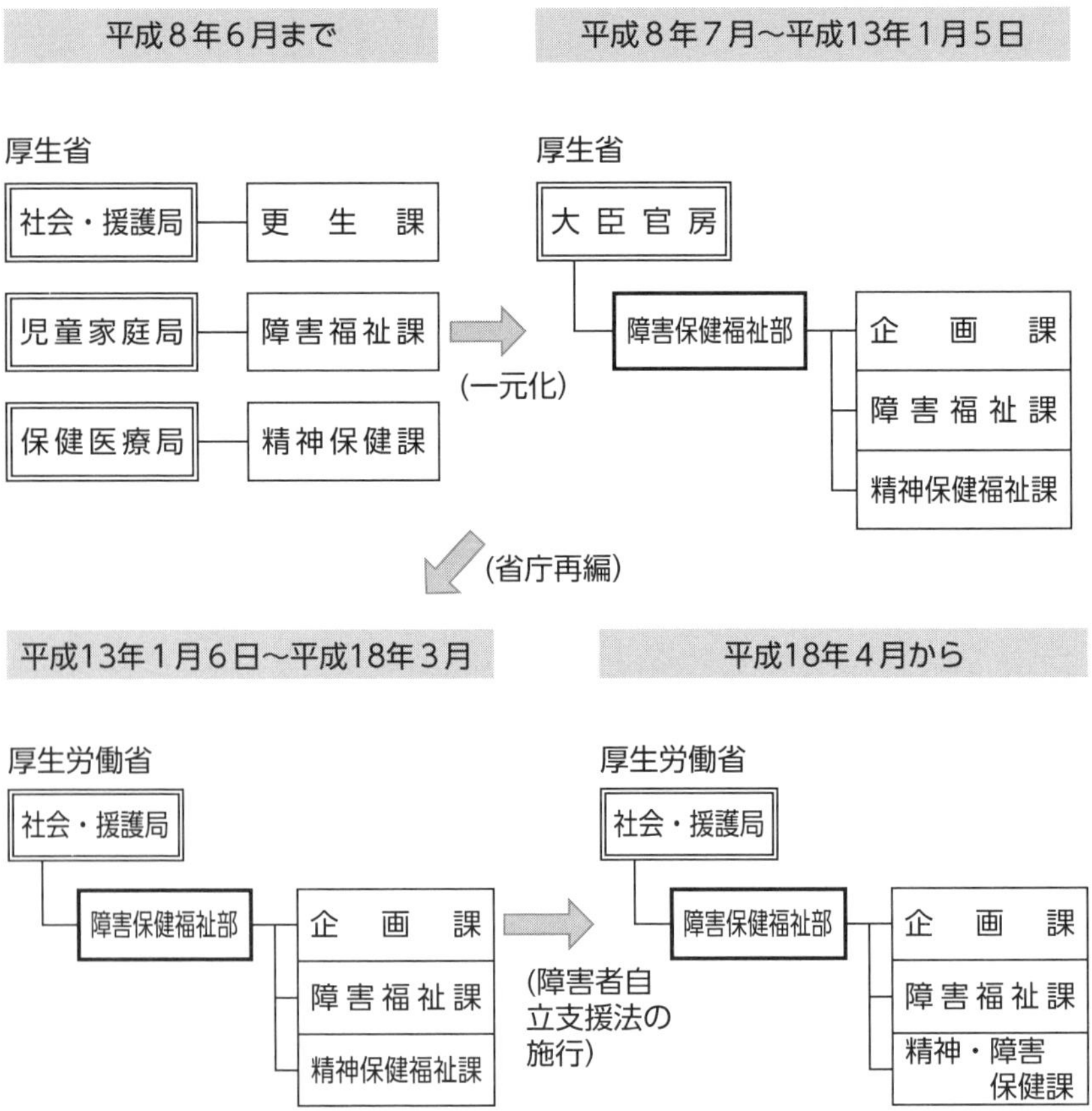

こと、

により、三障害それぞれバラバラで行われていた施策を、障害者の保健・福祉という形で一括的に進めようとしたことがあります。

今もそうですが、障害保健福祉部は色々な人事グループが集まってできているので、どう一体感をつくっていくかが大事でした。

その一環が、「部内報」です。

これは、毎週、各課室の予定とか、職員の自己紹介とかの読み物を、当時はまだパソコンが一人一台ではなかったので、紙で印刷して、部員が読んで、距離を縮めようという取組です。

いつまで続いていたか分かりませんが、まだそれぞれの課も小さく、新しい集団として盛り上がっていこうという雰囲気があったと思います。

私も、部内報で、自己紹介を書きました。巻末の「おわりに」に載せています。

当時25歳。文章も若いです。後半今なら怒られそうなことも書いています。

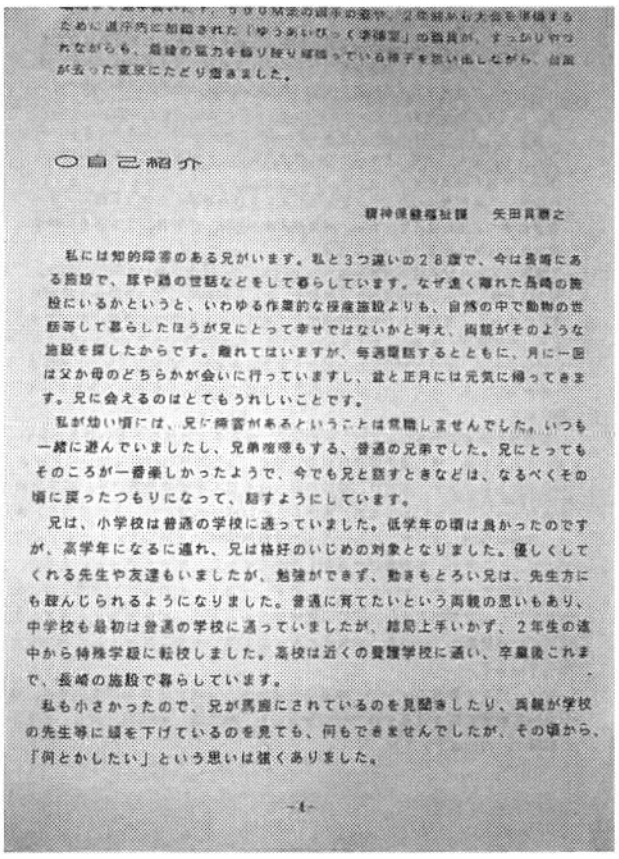
ために県庁内に組織された「ゆうあいぴっく準備室」の職員が、すっかりやつれながらも、最後の気力を振り絞り頑張っている様子を思い出しながら、台風が去った東京にたどり着きました。

○自己紹介

精神保健福祉課　矢田貝泰之

私には知的障害のある兄がいます。私と3つ違いの28歳で、今は長崎にある施設で、豚や鶏の世話などをして暮らしています。なぜ遠く離れた長崎の施設にいるかというと、いわゆる作業的な授産施設よりも、自然の中で動物の世話等して暮らしたほうが兄にとって幸せではないかと考え、両親がそのような施設を探したからです。離れてはいますが、毎週電話するとともに、月に一回は父か母のどちらかが会いに行っていますし、盆と正月には元気に帰ってきます。兄に会えるのはとてもうれしいことです。

私が幼い頃には、兄に障害があるということは意識しませんでした。いつも一緒に遊んでいましたし、兄弟喧嘩もする、普通の兄弟でした。兄にとってもそのころが一番楽しかったようで、今でも兄と話すときなどは、なるべくその頃に戻ったつもりになって、話すようにしています。

兄は、小学校は普通の学校に通っていました。低学年の頃は良かったのですが、高学年になるに連れ、兄は格好のいじめの対象となりました。優しくしてくれる先生や友達もいましたが、勉強ができず、動きものろい兄は、先生方にも疎んじられるようになりました。普通に育てたいという両親の思いもあり、中学校も最初は普通の学校に通っていましたが、結局上手くいかず、2年生の途中から特殊学級に転校しました。高校は近くの養護学校に通い、卒業後これまで、長崎の施設で暮らしています。

私も小さかったので、兄が馬鹿にされているのを見聞きしたり、両親が学校の先生等に頭を下げているのを見ても、何もできませんでしたが、その頃から、「何とかしたい」という思いは強くありました。

－4－

コラム3▼注力すべき仕事、そうでない仕事

部内報では「雑務におわれている」と書いていました。しかし、「それをすることによって、障害者等が幸せになる」仕事にこそ、注力すべきであり、そうでない仕事は、極力効率的に、組織的に手を抜いていく必要があると思っています（例えば、美しい国会答弁を書くために長い時間をかけても、それだけで障害者等が幸せになる訳ではありません）。

そのためには、ライン内での意識あわせと、上司の方の割り切りと早めの指示が重要です。特に時間のかかる作業をする前には、時間の無駄とならないよう上司と方向性を確認することが効果的です。（そのためにも、これこんな感じでいいでしょうかと気軽に聞ける、風通しのよい組織が必要だと思っています。）

精神保健福祉士法の制定（平成9年）

●精神保健福祉士法制定の目的

当時、私が障害保健福祉部でかかわっていた、精神保健福祉士法の成立過程についてご紹介したいと思います。

医療の対象だった精神障害者が福祉の対象となった時、それを担う人材として精神科ソーシャルワーカーが期待されました。

その国家資格化の目的は、①精神保健福祉士となる者を増やす、②国家資格とすることで病院等の中での発言力を増す（例えば、この人はこういう支援をすれば退院できます、などと）、③診療報酬等で手当てしやすくする、などでした。

当時、国家資格の新設は、閣議決定で「名称独占資格は原則新設不可、真に必要な業務独占資格に限る」とされていました。そこで、精神保健福祉士もまず業務独占資格（医師や看護師など、免許がなければ業務ができない資格）で検討を始めました。関係団体と相談に行く上司にも、業務独占で調整して欲しいとお願いしていたのですが、現在働いている者も多くおり、名称独占資格（社会福祉士など、資格がなければ名乗れない資格）とすべき、との方向になりました。

政府方針で原則不可とされている名称独占資格での新設を目指すことに慎重な意見もありましたが、同じ入省２年目だった医系技官[*16]の同僚が、当時まだめずらしかったパワーポイントを使って、長期入院の現状や精神障害者の地域生活のためには不可欠という説明資料（アジビラ）をつくって、私が一太郎を使って法案関係資料をつくって、あきらめずにいけるところまで頑張るということで、調整・検討を進めることとなりました。

＊16：医師や歯科医師の免許を有し、保健医療や公衆衛生に関する専門知識を持って制度づくり等を行う行政官を言います。一方、私は事務官と呼ばれる行政官です。

●医師の「指導」

精神保健福祉士法新設の高いハードルの一つは、「病院の中で働くのだから、他の資格法同様、医師の「指示」の下と法律に書くべき」という団体等と、「福祉職なのだから、医師の指示の下で働くのはおかしい」という団体等の意見の相違で、調整は進まず、暗礁に乗り上げる可能性もありました。

しかし、話している中で、医師の「指導」ならどうかという案が出て、両方の団体等も、「指導」ならいい、ということで、まとまったのです。

この、「指導でどうか」という案を出すことこそ、霞が関の仕事なのだと、感心したことを覚えています。

コラム4▼言葉シリーズ①【母体保護法】

障害保健福祉部ができる直前の平成8年（1996年）5〜6月頃、優生保護法を議員立法で改正する議論が行われていました。障害者等の人権を著しく侵害するものである優生思想に基づく規定を削除し、人工妊娠中絶に関する事項等を定め母性の生命健康を保護するための法律に改正しようというものです。

改正後の法律名について、「母性保護法」とする案もあったようですが、様々な意見があった中で、「母体保護法」でまとまったそうです（条文には「母性の保護」の語がそのまま使われています。）。

この、「母体保護法でどうか」という案が出てくることも、すごいなあと思ったことを思い出します。

コラム5▼言葉シリーズ②【知的障害】

当時、法律上の「精神薄弱」の語を「知的障害」に見直す検討が行われていました。

しかし、医学用語としては、「知的発達障害」や「精神遅滞」の語はあっても、「知的障害」という語はないため、おかしいという意見がありました。

そこで、当時、精神保健福祉課の上司が、医療関係者に、「みな、知的障害でいいって言っています。」と電話して、調整して、了解を得たのです。

入省２年目の私は、霞が関って、すごいっ、と思いました。

当事者（保護者）の団体は知的障害にして欲しいという意見でしたので、よかったです。

コラム6▼言葉シリーズ③【児童発達支援】

平成24年（２０１２年）施行の改正法のことは後段でじっくりと書こうと思いますが、「障害児通園施設」を「児童発達支援」に見直す改正が行われました。

早期支援が重要である一方で、我が子に障害があることを受容するのに時間がかかる親もいます。

このため、施設名から障害の語をなくすことで、敷居を低くして通ったり相談したりしやすくすることがねらいです。

ところが、法案を審査する内閣法制局から、障害児が通う施設という実態が変わらないのに障害の語をなくすのはどうか、と言われます。

座禅を組んだり（一休さん）逆立ちしたり（あばれはっちゃく）して考えに考えて、法律内の大項目を「障害児通所支援」として、その中の各事業名を「児童発達支援」などとすることで、オッケーが出たのです。

街中の児童発達支援の事業所を見るたびに、よかったなと思います。（本当は「子ども発達支援」にしたかったのですが、児童福祉法なのでさすがに難しいと思いました。）

●精神保健福祉士法の検討過程

精神保健福祉士法案に話を戻します。

検討・調整が整うかは分かりませんでしたが、法案を提出するためには、年頭の文書課長会議に法案の登録をしなければなりません。

しかし、部の企画法令係の後輩が、法案化は難しいだろうと思い、法案登録の作業依頼をほおっていたのです。結局、法案提出の取りまとめである官房の方から私に「法案出すかもって言ってなかったっけ？」と電話があり、事なきを得ました。C法案（検討が整ったら提出する法案）として、登録されました。

当時の精神保健福祉課の企画法令係は、平成9年（1997年）4月に係長が来られるまでは、係員の私と、課長補佐が障害福祉課と併任という1・5人体制でした。

このため、入省2年目の私が、社会福祉士法をまねて精神保健福祉士法案を書いて法案を審査する内閣法制局に持って行ったのですが、全然詰まっておらず、仏と呼ばれた参事官[*17]に、帰れと怒られ、補佐に謝りに行ってもらうところから内閣法制局審査がスタートしました。

内閣法制局では、法律案について、憲法や他の法律と抵触していないか、規定しようとしていることが誤解が生じないよう適切に表現されているか等について、審査が行われます。例えば、精神科ソーシャルワーカーは、社会福祉士などと同様の福祉の専門職なのですが、「精神保健福祉士」という名称とすることで、保健師のような医療職と誤解されないか、等について審査されたことを覚えています。

新たな国家資格をつくる時の論点の一つとして、他資格との関係があります。

精神保健福祉士の創設に当たっても、福祉職の資格を二つつくるべきではないという意見がありました。（過去に社会福祉士をつくった幹部は反対だったと聞いていますし、一般病院で働くMSW（医療ソーシャルワーカー）との関係もありました。）

しかし、医師の指導を受けながら働く福祉職と法律に書くには、独立資格しかなかったと思いま

＊17：課長級のスタッフで、法案審査の中心を担っています。なお、国家公務員の昇進のイメージは、係員→主査・係長→課長補佐→企画官・室長→参事官・課長→審議官・部長→局長→事務次官となっています。

すし、精神科病院への長期入院等の背景がなければ新たな名称独占資格は認められなかったと思いますので、カリキュラム等は一部共通にしつつ、別の新資格として創設することとなりました。

コラム7 ▼外部からの電話対応

今も同じかもしれませんが、精神保健福祉課は外部からの電話が非常に多く、皆常に電話しながら仕事している状態でした。様々な苦情等の電話もありましたが、そうした話を聞くのも私たちの仕事です。

私も、ずっと電話している状態でしたので、(申し訳ないですが) 受話器を耳と肩ではさみながら法案作業をしていました。電話を途中で切ると大臣室などに電話されてしまう方も担当していたので、切れませんし、受話器を下に置くとなぜか分かってしまうのです。

一方、同課に「今灯油をかぶっていてこれから死にます」と電話がかかってきて、警察に行ってもらったら本当にそうだった例もありますので、無下にもできないのです。

当時は、精神科病院の病棟の公衆電話に、県と国の精神担当課の電話番号を貼るようにしていたと記憶しています。

その後、同じく外部からの電話が多いと言われる医政局医事課 (医師等への不満) や社会・援護局保護課 (生活保護への両面からの不満) にも配属になりました。保護課長の時、電話を受けながらパソコンが使えるよう、試しにヘッドセットを導入したのですが、そこまでして電話をしながら

―仕事をしたくないと不評でした。

●国会への提出

Ｃ法案（検討が整ったら提出する法案）は、実際には提出されない場合が多いのですが、平成９年（１９９７年）の4～5月くらいに、審議日程がとれるかもしれないという話になり、法案を提出することとなりました。審議日程というのはとてもタイトで、１日あるかないかで一つの法案がいけるかいけないかという世界です。（後に書きますが、平成22年（２０１０年）の改正法案は、あと1時間で成立というところで、廃案になってしまいました。令和4年改正法は、土曜日の夕方の会期末ギリギリで成立しました。）

ふつうの法案は、予算関連法案は2月、その他の法案は3月が提出期限だったのですが、精神保健福祉士法案は確か異例の5月提出だったと思います。

平成9年通常国会に提出された精神保健福祉士法案ですが、結局、審議されることなく継続審議となりました。私は7月に異動し、国会審議、成立は、秋の臨時国会だったと思います。言語聴覚士法も同時期に成立したと思います。どちらも障害児・者のためになくてはならない資格になっていると思います。

私にとっても初めて書いた法律案でしたし、様々な苦労があったので、思い入れが強いのですが、企画法令係の後輩が「この法案は自分（後輩）がつくった」と言い回っていると聞き、涙したことを覚えています。

●法律ができることの喜び

精神保健福祉士法ができて、一番うれしかったのは、それから数年後、本屋さんに、精神保健福祉士を目指す人のための本が並び、それを立ち読みしている人を見た時です。日本で100人立ち読みしていて、そのうち1割の人でも精神保健福祉士になり、精神科病院や福祉の現場で働いてくれたら、きっと、長期入院等の精神障害者の人生を変えてくれるような働きをしてくれるのではないか。

その後精神保健福祉士会もできて、色々な意見表明をされているのを見るたびに、よかったなあと一人思っていました。

コラム8▼新たな施策には様々な影響が

プライベートな話ですが、精神保健福祉士法をつくった当時、知り合いの弟さんが精神科ソーシャルワーカーで、国家資格化をさぞ喜んでくれるかと思っていたら、「そのせいで、試験勉強をしなければならなくなった」と…。

法律ができて喜んでくれるものとばかり思っていましたので、物事には色々な側面があるということを改めて学びました。

介護保険から始まった福祉改革（平成12年〜）

●介護保険〜措置から契約に

障害者福祉の性格の変化に大きな影響を与えたのが介護保険制度です。ここからしばらくは、介護保険制度による改革と、それが障害者福祉にどのような影響を与えているかを、見ていきたいと思います。

介護保険制度による一番の改革は、措置から契約制度への変更です。措置は、生活保護をイメージして下さい。市役所の窓口に行き、ケースワーカーさんに事情を話して、支援してもらう仕組みです。

一方契約は、医者や歯医者に行くイメージです。保険証を持って医者や歯医者に行って医療を受けることに、抵抗感を持つことはないと思います。

また、措置制度は、応能負担（所得（＝負担能力）に応じた負担）です。今でも保育料などはそうです。一定の所得がある人は、相当高い利用者負担が求められましたし、所得について詳しく調べられます。一方、医療保険では、例えば6〜69歳の者は一律３割負担です。

介護保険制度の導入前は、高齢者福祉制度は応能負担、医療制度は定率負担で、例えばサラリーマン家庭などでは、高齢者福祉制度を使うよりも老人病院に入院させたほうが使い勝手がよく、いわゆる社会的入院を生んでいました。

介護保険は、契約と1割負担とすることにより、サービスを使いやすくしたことが、一番の胆になっています。

●市町村の役割の変化

私は、平成10年（1998年）4月から介護保険がスタートする直前の平成12年（2000年）3月まで北海道釧路市に出向していました。平成10年度は、まだ高齢者福祉課のケースワーカーさんがメインでしたが、平成11年（1999年）度は介護保険準備室の人数が増え、平成12年度からは介護保険課がメインとなっていきます。ケースワーカーさんの仕事は、市役所の外のケアマネジャーさんに移っていきます。

市町村の役割も、福祉の実施から、保険料の徴収と要介護認定へと、大きく変わっていくことになります。（これはこれで、市町村役場の福祉力の低下につながっていると思います。）

コラム9▼現場等と厚生労働省の人事交流

厚生労働省の人間は、ずっと厚生労働省だけで働いている訳ではありません。私は、釧路市に2年間、熊本県に3年間出向し、福祉の現場を経験させていただいています。また、金融庁にも2年間出向し、民間企業の方の考え方にも触れることができました。海外に出向する同僚もいます。

逆に、厚生労働省にも、様々な方が人事交流で来られています。特に、地方自治体からは、障害保健福祉部にも多くの職員がいらしています。また、福祉現場で働いている方に専門官として厚生労働省に来ていただき、現場発想の立案をしていただいたりしています。

特に厚生労働省は、現場のある施策を所管していますので、こうした人事交流等により、より現場に求められている政策を考え、実現していくことが重要だと思っています。

コラム10▼市民協働

釧路市で取り組んだことの一つが、市民協働のまちづくりです。今では「協働」は当たり前の言葉になりましたが当時は走りで、市役所の「市民と協働するまちづくり推進指針」をつくりました。また、私は介護保険の事業計画を議論する市民委員会も担当したのですが、公募の市民の方にも入ってもらって、特別養護老人ホームを増やしたら保険料は○○円になる、給食サービスを実施したら保険料は○○円上がる、などとデータを出して、市民に議論してもらって、事業計画と保険料を決めていった記憶があります。

国ではこうした決め方はできないので、我々がたくさんの意見を聞いて、正しい政策案をつくっていくことが大事になると思っています。

●医療と福祉が連携した制度

介護保険のもう一つの特徴が、医療と福祉が連携した制度です。訪問看護も、訪問介護も、どちらも介護保険のサービスとなり、ケアマネジャーさんが医療と福祉の両方についてのケアマネジメントを行い、計画をつくってサービスを受けます。

実は、障害者総合支援法は、更生医療（障害を除去・軽減するための手術等）などの自立支援医療[*18]はありますが、地域生活に必要な訪問看護などは医療保険で行われているので、高齢者ほど医療と福祉が一体となった制度とはなっていません。社会保障審議会障害者部会で、医師会の委員から、医療との連携が弱いと指摘されたのは、その通りの面があります。

●ケアマネジメントの導入

ケアマネジメントの導入も、介護保険制度の大きな特徴の一つです。それまでは市町村のケースワーカーが何をどれだけ使えるか決めていたのですが、介護保険制度では、要介護認定に応じて支給限度額が決まり、ケアマネジャーがどのように支援を組み合わせるのかのサービスの利用計画を立てます。

要介護認定も、新たな仕組みであり、当初は認知症の方の要介護度が低く出るなど大変な騒ぎでした。ケアマネジャーも、新たな職種であり、うちの母は看護師だったのですがケアマネジャーの試験を受けていたことを思い出します。

●介護保険の後を追った障害者福祉

障害者福祉も、介護保険制度をまねていることが多くあります。

措置から利用契約へと変わりましたし、障害程度区分[*19]、サービスの利用計画なども導入されました。

一方で、介護保険制度では要介護認定に応じた支給限度額の範囲内で自由にサービスが使えますが、障害者福祉では市町村による支給決定の仕組みが残っています。その際には、家族による介護の状況も勘案すると法律上も書かれています。

障害者福祉の場合には、介護保険の支給限度額を大きく超える支援を受けている方がいらっしゃいます。また、市町村ごとのサービス基盤もバラツキがあります。そこで、個々人ごとの支給限度額を決めるのではなく、市町村ごとに、国庫負担の限度額を決める仕組みとされており、９割程度の地方自治体がカバーできる水準に限度額が決められています。

この仕組みですと、全国的にサービスの利用が増えれば、限度額も増えていく仕組みであり、実際に、障害者自立支援法ができてから、国の予算額は３倍に増えているのです。

●多様な主体の参入

介護保険では、株式会社の参入も行われました。増大する介護需要に応えるため、株式会社やN

＊18：自立支援医療制度は、心身の障害を除去・軽減するための医療について、障害者総合支援法により医療費の自己負担額を軽減する制度です。精神通院医療（通院による精神医療）と更生医療・育成医療（身体障害を除去・軽減する手術等の治療）が対象となります。

＊19：「障害程度区分」は、平成18年（２００６年）施行の障害者自立支援法により導入され（47頁参照）、現在は「障害支援区分」に見直されています（77頁参照）。

PO法人が在宅サービスにどどっと参入し、増える給付費を新たに高齢者からも徴収する保険料でまかなうという仕掛けです。介護保険が始まる前は、介護サービスがない「介護地獄」のような不安もありましたが、現在、そのような不安は全くなく、デイサービスの送迎の車が走り回っている印象さえあります。

障害者福祉でも、在宅サービスで株式会社の参入が行われました。現在、放課後等デイサービスやグループホームなどで、株式会社の参入が増え、サービスの質の確保が課題となっています。

私が保育課長を務めた時の経験で言えば、株式会社は、利益を大きくすることを重視します。ルールの範囲内で、できるだけコストを抑えるようにし、人件費率も低くなる傾向にあります。ルールの範囲内ならば自由に活動できるのが一般の経済活動です。一方、福祉の人間は、福祉の心に期待してしまうところがあります。ルールについては、性善説に立たずに考えていくことが必要だと思います。

●在宅重視

在宅重視も介護保険の特徴です。高齢化や重度化が進んでも、施設サービスの利用者割合を現行より増やさないという考え方で、市町村介護保険事業計画をつくり、デイサービスやショートステイなどの在宅サービスを充実させることで介護需要を受け止めようとしています。その後も、地域包括ケアという考え方を導入するなど、在宅重視の姿勢が貫かれています。

高齢者福祉については、サービス付き高齢者住宅なども増え、住まいの部分は自己負担（あるいは住宅施策の中での対応）、サービスの部分に介護保険から給付する、という色彩が強まっているように思います。もちろん、最後の受け皿として、特別養護老人ホーム等の施設サービスも重要ですが、個室についてはホテルコストの自己負担を求めるなど、サービス部分の給付を重視するようになってきているように思います。

障害者福祉でも、在宅重視の考え方で進んできています。これから詳しく書きますが、支援費制度、障害者自立支援法、障害者総合支援法、その後の改正法も、在宅サービスを充実するための改正と言っていいと思います。

高齢者福祉は、人生の最後の部分ですが、障害者福祉は、長い生涯を支える制度です。最初から、もっと在宅重視でもよかったのかもしれません。一方で、まずは重度の方から、衣・食・住をはじめとした支援を確保するということで、施設サービス中心だった歴史があります。

支援費制度（平成15年～）

●社会福祉基礎構造改革

支援費制度前については、身体障害者福祉法（昭和24年（１９４９年）制定）、知的障害者福祉法（精神薄弱者福祉法として昭和35年（１９６０年）制定）、そして、精神衛生法（昭和25年（１

950年）制定）が精神保健法となり（昭和62年（1987年））、平成7年（1995年）から精神保健福祉法となって、支援が行われていました。

当時の福祉は、前述の通り措置制度でしたが、平成12年（2000年）から介護保険法が施行され、高齢者福祉が契約制度へと移行し、社会福祉全体についても、社会福祉基礎構造改革が行われることとなります。

サービス利用者と提供者の対等な関係、多様な主体の参入、利用者本位の制度などの考え方の下、障害者福祉サービスについても、措置制度から利用契約制度を導入する支援費制度が創設されます。

支援費制度は、従来の措置制度を、利用契約制度に見直すとともに、身体障害者、知的障害者の施設、居宅サービスに係る事務、障害児の居宅サービスに係る事務を市町村に一元化する（障害児の施設入所、精神障害者社会復帰施設に係る事務は都道府県）ものであり、平成12年（2000年）に成立した「社会福祉の増進のための社会福祉事業法等の一部を改正する等の法律」により身体障害者福祉法等が改正され、平成15年（2003年）4月に施行されます。

●予算が足りない

支援費制度では、障害者を保護の対象としてとらえるのではなく、「自己決定」「自己選択」の理念の下で、利用者と事業者が直接契約して利用するという利用者本位の考え方がとられ、これまでサービスを利用していなかった方も自らサービスを選択して利用しやすくなることが見込まれました。

一方で、支援費制度では、サービスが利用しやすくなるにもかかわらず、居宅サービスの予算は、裁量的経費、すなわち、予算の範囲内で、支援を行う仕組みのままとされました。

そうしたことや、全国のサービスの地域格差を少なくすることを踏まえ、全国的に公平・公正に補助金を配分するための「国庫補助基準」を導入することとされましたが、障害者団体が、国庫補助基準の撤回を求め、平成15年（２００３年）１月に、厚生労働省が取り囲まれるということが起きました。

これを受け、国は、国庫補助基準は個々人に対してではなく市町村に対する補助基準であることを障害者団体と改めて確認する等の対応を行いました。

平成15年1月当時、私は金融庁（当時は中央合同庁舎4号館[20]）に出向していたので、厚生労働省（中央合同庁舎5号館）が取り囲まれたことは、直接体験してはいません。現在厚生労働省にいる方の中にも覚えておられる方がいると思いますので、忘れてはならない記憶として、どんな感じだったのかを伝承していくことも必要と思っています。

支援費制度の施行後、ホームヘルプサービスの利用者数は1年半で1・6倍に急増します。在宅

＊20：霞が関のいくつかの省庁は、合同庁舎に入っています。金融庁は現在は中央合同庁舎7号館に入っています。

サービスの予算額も、導入前の平成14年（２００２年）度の４９３億円から、平成17年（２００５年）度には９３０億円へと増えることとなります。

しかし、支援費制度は３年間しか続かず、その問題点を踏まえ検討された障害者自立支援法が、平成18年（２００６年）度から実施されることになるのです。

●支援費制度の問題点

支援費制度の問題点としては、次の３点があげられます。

第１に、居宅サービスの利用者が急激に拡大した一方、予算は国が必ず支払う義務的経費ではなく裁量的経費のままであり[*21]、いわば財源の裏付けがないままサービス量が増大しました。

第２に、サービスの地域格差がありました。例えば、知的障害者や精神障害者に対するホームヘルプサービスが約半数の市町村で実施されていませんでした。

第３に、障害者の就労支援が進んでいませんでした。福祉施設から一般企業へ就職する者は１％という状況でした。

障害者自立支援法（平成18年～）

●障害者自立支援法の成立

支援費制度に代わる制度の検討は、「障害者（児）の地域生活支援の在り方に関する検討会」「障害者の就労支援に関する有識者懇話会」などで議論され、平成16年（2004年）7月に、社会保障審議会障害者部会で中間的な取りまとめが行われました。

三障害共通の枠組みの構築、障害者の就労支援や住まいの確保など障害者の自立支援のための保健福祉施策の体系のあり方、サービスの計画的な整備と財源のあり方等が示されました。

そして、厚生労働省が、平成16年10月に「今後の障害保健福祉施策について（改革のグランドデザイン案）」を障害者部会に示し、さらに同部会で議論が行われ、平成17年（2005年）2月に「障害者自立支援法案」が国会に提出されました。

衆議院通過後、参議院で審議中に郵政解散で廃案となり（この後も廃案に泣かされる法律となります。）、再提出の後、平成17年10月に、障害者自立支援法は成立しました。

＊21：裁量的経費は、国や地方公共団体の歳出のうち、政策によって柔軟に縮減できる性質の経費を言います。一方で、義務的経費は、支出が法令等で義務づけられ、任意に縮減できない性質の経費を言います。支援費制度では居宅サービスの費用は国が「補助することができる」という裁量的経費でした。障害者自立支援法になり、義務的経費となりました。

●障害者福祉サービスの一元化

障害者自立支援法のポイントは、以下の五つです。

第1に、障害者福祉サービスの一元化です。

身体障害者福祉法、知的障害者福祉法、精神保健福祉法から、福祉に関する給付については障害者自立支援法に移行し、実施主体も市町村とするなど一元化されました。

周回遅れと言われていた精神障害者の給付が伸びてきたのも一元化の成果ですし、後に難病等の者が法の対象に加えられたのも一元化があったからこそと言えると思います。

平成8年（1996年）まで厚生省でも3局に分かれていた*22ことからすると、障害保健福祉部ができた成果とも言えると思います。

●昼夜分離

第2に、サービス体系の見直しです。

障害種別ではなく訪問・通所・入所などのサービス体系に再編されました。特に、施設サービスを昼夜分離し、昼間は施設と別のところに通える仕組み、入所者によって昼間は別のサービスを選べる仕組みは、画期的だと思いますし、制度創設担当者の思いが伝わってきます。

昼間と夜とは別のところで過ごすという当たり前のことを、障害者施設の入所者にももたらし、よりふつうの暮らしに近づけようという思いだと思います。

●就労支援の重視

第3が、就労支援の重視です。

法律上も、期限を決めて一般就労への移行を目指す就労移行支援が新設されました。

それまで、障害種別ごとに福祉工場や授産施設がありましたが、就労継続支援（雇用のA型、非雇用のB型）とされました。小規模作業所は市町村が実施主体となる地域生活支援事業[*23]の地域活動支援センターに移行しています。

他の訪問・通所サービスと同様、社会福祉法人以外にも、株式会社やＮＰＯ法人がサービスの担い手となりました。

●障害程度区分の導入

第4が、障害程度区分の導入です。

措置制度では、地方自治体ごとの裁量の差が大きく、給付のバラツキにつながっていました。介護保険での要介護認定のように、要介護度に応じて支給限度額まで決まる仕組みではありませんが、どのような支援の必要度かを全国統一の基準で把握し、支給決定で勘案することとされました。

＊22：「障害保健福祉部」の項（23頁）参照。

＊23：障害者総合支援法に基づいて、地域の実情に応じて市町村・都道府県が実施主体となって行う移動支援や意思疎通支援等の事業。国が費用の二分の一以内を補助することとされています。

なお、介護保険と違って、支給決定に当たって、家族等による介護の状況も勘案して、市町村がサービスや利用量を決められる仕組みです。介護保険よりも市町村の裁量が残された仕組みとなっています。

●義務的経費化

第5が、予算上の義務的経費化です。

支援費制度と異なり、サービスの必要な費用の二分の一を国が負担することが義務となりました。現在まで、障害者福祉の予算額が3倍まで増えているのも、この成果となります。

一方で、障害者自身も費用の負担者になるべきということで、1割負担が原則とされました。所得に応じた軽減措置がとられましたが、この1割負担、応益負担の導入が、大きな反発と混乱を招くのでした。

●特別対策、緊急措置

利用者負担については、平成19年（2007年）4月からの特別対策、平成20年（2008年）7月からの緊急措置と、段階的に軽減措置がとられました。

また、報酬については、月額払いから日割り計算とされたことから、減収となる事業者が多く、従前額の8割や9割を保障するという措置がとられました。

支援費制度から障害者自立支援法の制定、施行まで、大変な状況が続き、障害保健福祉部も嵐の中で前に進んでいく感じだったと思います。

コラム11▼常に忙しい訳ではありませんが……

私は直接は知らず聞いた話ですが、当時の大変さを表す逸話があります。

全国会議で、ある担当者が説明者となったのですが、説明中に、90秒くらい、寝落ちして、本人はそれに気づかず、目覚めた後は何事もなかったかのように説明を続けたのだそうです。

これには、厚生労働省への不満もあったであろう地方自治体の職員も、厚生労働省の職員の大変さを理解し同情の声が漏れたと聞いています。

障害者自立支援法、障害児支援の見直し（平成24年～）

●障害児支援の見直しに関する検討会

ここから障害者自立支援法施行３年後の見直しについて記述します。

３年後見直しは、平成20年（２００８年）４月から、社会保障審議会障害者部会で議論が開始されますが、私は、まさに平成20年４月に、出向先の熊本県から戻ってきて障害福祉課の課長補佐となります。

戻ってきた時の印象は、皆、施行後の緊急措置等に忙しく、見直し内容については、これから本格的に検討というタイミングだったと思います。

最初にメインで取り組んだのが、障害児支援の見直しに関する検討会です。

障害者については、支援費制度や障害者自立支援法など、制度改正が重ねられてきましたが、障害児支援は昭和40年代からずっと法改正されずに残されていました。

検討会は始まっていたのですが、前任から「4月はヒアリングですので、その後頑張って下さい」と引き継がれたことを覚えています。

障害児支援の見直しに関する検討会の座長は、柏女霊峰淑徳大学教授。実は、熊本県で、こうのとりのゆりかご（いわゆる赤ちゃんポスト）の検証会議をやっていて、その時に柏女先生にお世話になっていたので、ありがとうございました、またよろしくお願いします、という感じでした。

また、障害児支援の見直しに関する検討会には、毎回、宮城まり子さんが傍聴にいらしてました。元歌手・女優で、静岡に障害児支援のねむの木学園をつくられた方で、いつも目立つ素敵な格好で、拍手をしたりして存在感を放たれていました。

障害児支援の見直しに関する検討会については、平成20年7月に報告書がまとまりました*24。

基本的視点は、以下の四つです。
(1) 子どもの将来の自立に向けた発達支援
(2) 子どものライフステージに応じた一貫した支援
(3) 家族を含めたトータルな支援

⑷　できるだけ子ども・家庭にとって身近な地域での支援

●早期発見・早期支援の強化

見直しのポイントの第1は、早期発見・早期支援の強化です。

当時、親は、自分の子どもに障害があることを受容するのに時間がかかり、支援につながるのが遅いのが課題と言われていました。これは、私の親にも当てはまり、兄ももっと早く専門的療育を受けていたらと思うことがあります。

そこで、障害児通園施設の名前を児童発達支援に変えて、敷居を低くして、また、放課後等デイサービスも児童発達支援と独立のものとなりました。

現在、サービス利用者が急増しているのは、ねらった通りではありますが、障害のある子が障害のない子と共に学び遊ぶインクルージョンをあわせて進めていく必要があると思っています。

●児童発達支援等の創設

ポイントの第2は、障害児通園施設の見直しです。

それまでは、知的障害児通園施設（平成18年（２００６年）10月現在で２５４か所）、難聴児通

＊24：読みやすいと思いますので、興味ある方はご一読を。厚生労働省ホームページ https://www.mhlw.go.jp/shingi/2008/07/dl/s0722-5a.pdf

園施設（同25か所）、肢体不自由児通園施設（同99か所）、より身近な児童デイサービス（同１０９２か所）がありましたが、これが児童発達支援、医療型児童発達支援、放課後等デイサービスに再編されました。

放課後等デイサービスについては、国会議員からも必要性が指摘されていて、新たに法律上のサービスとして位置づけられました。（その後、かなり数が増えています。）

●障害児入所施設の見直し

ポイントの第３は、障害児入所施設の見直しです。

それまでの、知的障害児施設（平成18年（２００６年）10月現在で２５４か所）、自閉症児施設（同７か所）、盲児施設（同10か所）、ろうあ児施設（同13か所）、肢体不自由児施設（同62か所）、肢体不自由児療護施設（同６か所）、重症心身障害児施設（同１１５か所）が、医療型と福祉型の障害児入所施設に再編されました。

同時に、18歳を過ぎても障害児入所施設に入所している「過齢児」について、18歳以上の者は障害者自立支援法からの給付としつつ、現に入所している者については障害児施設を障害者施設とみなす等の経過措置が設けられました。

その後、障害児施設である秩父学園（現在は国立障害者リハビリテーションセンターの一部門）を久しぶりに視察した際に、過齢児はすべて地域や障害者の施設に移行され、みごとに子どものための施設となっていて、感心しました。

特に、重症心身障害児施設の見直しには、細心の注意が必要でした。

親の会の方は、重症心身障害児は、18歳を過ぎても成長する、ずっと小児科医にみて欲しいという思いがあり、同施設も8割以上が18歳以上でした。引き続き18歳を過ぎても児童福祉法でみるという案も考えられたのですが、そこはやはり、誰もが、18歳を過ぎたら障害者施策で支援するのが筋だろうということで、児者一貫した支援を継続することを前提に、見直しが行われました。

やはり、一番重度な方々ですし、ここだけは失敗したらまずいという思いで検討・調整した記憶があります。

●相談支援・家族支援

ポイントの第4は、相談支援や家族支援です。

報告書でも、相談支援や家族支援については多く書かれました。大人についても後述するように計画相談を充実することを考えましたが、子どもについても、児童発達支援センター等が身近な相談場所としての機能を果たしつつ、計画相談を導入することになりました。

家族支援については、なかなか給付事業としてはなじまないのですが、児童発達支援などが充実していく中で、相談の機会が増えたり、障害児の親の仲間、先輩の話を聞く機会が増えたりしていけばいいと思っていました。

障害児は、成長にあわせて居場所が福祉、学校、就労等と変わるので、ライフステージを通じた相談支援は今でも重要な課題であると思います。

●保育所等訪問支援

障害児支援の見直しで、自分で一番思い入れが深いのは、保育所等訪問支援の創設です。

これは、平成20年（２００８年）４月に、熊本県から戻ってきて、最初に相模原市の療育センターを視察に行ったのですが、そこで、自主事業として、療育センターの職員が保育所を訪問するという事業をやっていて、保育所での障害児の受け入れや、悩んでいる保育士の支援が進んでいるのを見て、一目惚れして、なんとかこれを全国に広げるぞ、よし、個別給付＊25にしようと、一気に制度化を考え実現したものなのです。

当時の上司から、例えば療育センターの職員が保育所で療育して事故が起きたらどちらの責任かとか、二重給付に当たるのではとか、整理すべきことを指摘していただき、なんとか制度化できました。うまく活用されているのであれば、本当によかったと思っています。

コラム12▼だめな役人、ふつうの役人、よい役人

保育所等訪問支援の創設の話は、よく公務員を志望する学生さんにすることがあります。
相模原で、療育センターの職員が保育所を訪問して成果をあげているのを見た時、

・だめな役人は、見て感心して終わり（国の補助がない、地方自治体の一般財源による自主事業

ですし*26）

・ふつうの役人は、全国に好事例として紹介くらいする

・よい役人は、制度化や予算化を検討する

国家公務員の武器は、法律案と、予算案を立案できることです。これはという取組は、是非、制度化、予算化を検討することが必要と思います。

●障害者自立支援法の施行3年後見直し

平成20年（2008年）7月に障害児支援をまとめて以降は、本題の障害者自立支援法の見直しです。

同年7月に障害福祉課長が企画課長になり、障害福祉課長は新たな方がいらっしゃいました（どちらも後に障害保健福祉部長になられました。）。

＊25：個々の障害者又は障害児の保護者に対する障害者総合支援法や児童福祉法に基づく給付のことを言います。居宅介護や通所介護などのサービスについて、費用の二分の一を国が義務的に負担します。一方で、地域生活支援事業は、市町村・都道府県が実施主体となって行う事業で、国は費用の二分の一以内を補助することとされています。

＊26：「一般財源」は、地方税、地方譲与税、地方特例交付金及び地方交付税など、使途が特定されず、どのような経費にも充てられる財源を言い、地方自治体が地域の実情に応じて自由に使えるものです。一方で、当然ながら国の意向は働きにくいものとなっています。

企画課長が、パワーポイントでの議論が好きだった一方、障害福祉課長は、制度改正はワードでちゃんと検討資料をつくるべきという教えで（私も、パワーポイントも大事ですが、ワードでの検討資料も大事だと思っています。）、検討用のワード資料と審議会用のパワポ資料をつくりまくった記憶があります。

社会保障審議会障害者部会の部会長には、熊本県知事をやめられたばかりの潮谷義子さんがつかれました。

もともと乳児院の園長から副知事になられ（平成11年（1999年））、当時の知事が急死したことで知事になられた（平成12年（2000年））、福祉出身の女性知事で、私は熊本県で3年間子どもも担当課長としてお世話になり（平成17年（2005年）～平成20年）、厚生労働省に戻ってきてからも障害者部会長として一緒に仕事をすることになったのでした。

知事の頃から、クライアントセンタード、当事者中心が大事と言われていましたので、障害者部会の報告書にも当事者中心が第1の視点として書かれました。

●社会保障審議会障害者部会報告

平成20年（2008年）12月に、障害者部会の報告がまとまりました[*27]。

この報告書は、ご自身も重い障害のある障害者部会のある委員に、ある新聞上で「30点」と評されたのですが、当時の上司から電話してもらったところ、これまでは「5点」だったから、と慰労の言葉をいただけたのを覚えています。

●相談支援の充実

平成20年（2008年）12月の障害者部会報告のポイントの第1は、相談支援です。報告書でも最初に書かれましたし、とにかく相談支援の充実こそ最重要と考えていました。

介護保険では、給付費の約5％が、ケアマネジメントに充てられていました。ケアマネジャーは毎月の給付管理もしますので単純比較できませんが、障害者福祉の計画相談は給付費の約0・2％。これを大幅に充実するため、計画相談の対象を大幅に広げ、相談支援事業者に財源が行き、相談支援事業者が増えて活躍できるようにすべきと考えました。市町村からの委託相談は一般財源化（国から特定の事業に対する補助はなくし、地方税や地方交付税による地方自治体の一般財源[*28]全体の中で対応する。）されており、簡単に増やせないので、個別給付である計画相談を大幅に増やすことを考えました。

介護保険と違い、障害者福祉ではサービスを組み合わせるのではなく単品サービスの利用者が多く、計画相談の必要性があるのかとの意見もありましたが、相談支援こそ障害者福祉の命。現在で

＊27：こちらも読みやすいと思うので、興味ある方はご一読を。厚生労働省ホームページ https://www.mhlw.go.jp/shingi/2008/12/dl/s1216-5a.pdf
＊28：「一般財源」については55頁の注釈（＊26）を参照。

は、障害者の給付費の約2％が計画相談となっています。

コラム13 ▼様々な意見から政策をつくっていく

法案作成作業中のある時、ある上司から、成年後見制度の利用支援の個別給付化を検討できないかと言われました。もう法案作業も進んでいた1月後半くらいのことです。私は、成年後見の重要性は理解していましたが、その時は、相談支援に少しでも多く財源を回すべきと思っていました。個別給付化は難しいのではと意見を言い、成年後見制度の利用支援は、地域生活支援事業の中で必須事業とすることになりました。

このように、政策の検討に当たっては、様々な意見を言い合って練り上げられていきます。入省1年目からきちんと自分の意見を言うように先輩から鍛えられますし、私も、障害保健福祉部の皆さんに、上司（私）が何と言っても、違う意見だったら意見を言ってもらうようお願いしています（そのため意見を言いやすい雰囲気づくりを心がけています。）。

●地域移行支援、地域定着支援等の創設

ポイントの第2は、地域移行・地域定着支援の充実です。

施設や病院では、何かあったら、スタッフや看護師がかけつけてくれる。何かあった時にかけつけてくれる人がいれば、施設や病院にいる障害者も、地域で暮らせるはずです。新たな支援として、地域移行支援、地域定着支援というサービスがつくられました。その後も、地域生活を支えるため

のサービスが様々新設されますが、考え方としては、施設や病院で暮らすのと同様に、地域で安心して暮らせる支援をつくっていくということです。施設からグループホームへの移行を円滑に進めるために、グループホームの家賃補助も創設されました。

同時に、地域生活支援事業の中で行われていた視覚障害者の移動支援が、新たに、「同行援護」として、個別給付化されました。地域生活支援事業は予算の制約のある裁量的経費であり、国が必ず負担する義務的経費である個別給付にすることは、サービスの充実のためには大きな効果があります。

●応能負担への見直し

ポイントの第3は、利用者負担の応能負担への見直しです。

障害者自立支援法では、前述の通り、1割負担が原則とされましたが、所得に応じた軽減措置があり、施行後の特別対策や緊急措置でさらに軽減されていましたので、実質的には応能負担（所得（＝負担能力）に応じた負担）へと戻っていました。そこで、法律上も、応能負担へと規定を戻すことになったのです。

（障害者自立支援法を見ていると、介護給付と訓練等給付を区分しているなど、将来的に介護保険と統合することとなった場合のことも頭のどこかに置きながらつくられたのではと思っていたのですが、長期間の支援が必要になる場合もある障害者福祉で1割負担が原則というのは、やはり適当ではなかったのだと思います。）

●発達障害の位置づけ

ポイントの第4は、障害者の範囲の見直し、発達障害の位置づけです。発達障害が、障害者自立支援法の対象であることが明確にされました。同時に、高次脳機能障害[*29]については、法令上の位置づけを明確にするために、障害福祉計画の策定のための指針（厚生労働大臣告示）に明記されました。

発達障害者支援法とあいまって、今では発達障害がかなり認知され、支援も進んでいるのを見ると、医療的ケア児もそうですが[*30]、法律に書かれることはやはり効果が大きいのだなあと思っています。

●業務管理体制の整備

平成21年（２００９年）の改正法案には、業務管理体制の整備に関する規定も盛り込まれています。

これは、介護保険の世界で、コムスン事件（企業グループでの不正請求等）を受けて設けられたのと同様の規定を、障害者福祉でも導入するものです。事業者の規模に応じて法令遵守態勢の整備等を義務づけるもので、法案の分量としてはかなり大きな部分を占めていました。

コラム14▼タコ部屋　～法案作成作業班

ところが、慎重な当時の上司が、これについてはあまり議論していないので、法案をスムーズに通すために今回の改正から落としてはどうかと言い始めたのです。

これには、法案作成作業班（いわゆるタコ部屋[*31]）のメンバーが激怒。なんと、カギをしめ、皆帰ってしまうという、一斉ボイコットを始めたのです。

間に挟まれた私は、当然上司を説得し、タコ部屋のメンバーに頭を下げて、帰ってきてもらったのでした。

＊29：ケガや病気による脳の損傷により、ものを覚えられないなどの記憶障害や、ぼうっとしてミスしてしまうなどの注意障害などが生じ、日常生活や社会生活に制約を受ける状態。

＊30：医療的ケア児については、平成28年（２０１６年）に成立した児童福祉法の改正法で、医療的ケアを要する障害児が適切な支援を受けられるよう地方自治体において保健・医療・福祉等の連携促進に努めるものとされるとともに、令和３年（２０２１年）に医療的ケア児及びその家族に対する支援に関する法律が制定、施行されています（「医療的ケア児支援法」の項（１３９頁）参照）。同法では、医療的ケアは「人工呼吸器による呼吸管理、喀痰《かくたん》吸引その他の医療行為」と、医療的ケア児は「日常生活及び社会生活を営むために恒常的に医療的ケアを受けることが不可欠である児童」と定義しています。

＊31：法律案の作成には、様々な作業が必要になります。主に企画法令係が担いますが、通常の業務をしながらという訳にはいかないので、通称「タコ部屋」という別室をつくり、一定期間、法律案の作成に集中して作業をしてもらいます。

当時は、企画課も、障害福祉課も、企画法令係の係長、係員はすべてタコ部屋に入ってもらっていたので、障害福祉課の企画法令係はしばらく私と地方自治体からの研修生2名で回していました。タコ部屋メンバーは、大みそかまで法案作成作業をしていました。私は（申し訳なかったのですが）大みそかは子どもを連れて横浜に行きました。帰りにタコ部屋メンバーだった方のご実家の食料品屋さんにご挨拶に寄ったら、お正月用のマグロをいただいて、かえって申し訳なかったなと思った記憶があります。

●法案の作成作業

法案の作成作業と、与党手続きとを並行して、法案を練り上げていく作業が続きました。

当初は、計画相談は、基幹相談支援センターのみが指定事業所になれるという仕組みを検討していました（障害者部会報告もその考え方で書かれています。）。

というのは、計画は、やはり支給決定のもとになるものですので、基幹相談支援センターの委託を市町村から受けている事業者に限定したほうが、最初はいいのではないかと考えられたからです。計画相談の事業所が法律上は「特定」相談支援事業所とされたのも、そうした考え方からでした。

これは、指定事業者の制度の考え方からすると、いわゆる「筋悪」で、この件に関してのみは私が自ら内閣法制局に行き、前例等を示しながら説明しました。

が、内閣法制局の審査過程でやはり難しいとなり、誰もが計画相談事業所になれる今の仕組みになったのでした。結果としては、計画相談事業所が広がり、大きな混乱もありませんでしたので、このほうがよかったと思っています。机上で考えたことが必ずしも正しくはないということかとも思っています。

●与党での検討

法案化作業は、難航を極めました。

当時の自民党の障害者委員会（委員長は木村義雄議員でした。）で、３月上旬の法案提出期限を迎えても、なかなか了解となりませんでした。

特に、知的障害者の障害程度区分が正しく出ていないということで、そのこととあわせて法案も揉まれに揉まれました。

ほぼ連日、何度も委員会で議論し、３月末にやっと了解が得られ（議員の皆さんがバンザイされていたことを覚えています。）、期限から遅れての法案提出にこぎつけました。

それまでの１年、大変な１年でしたが、素敵な仲間と充実した毎日を過ごせたことを覚えています。

●障害福祉課の専門官

制度の検討に当たっては、今もそうですが、福祉現場から厚生労働省に来られている、多くの専門官の方にお世話になりました。専門官の方が理想とする仕組みを言ってもらって、それを制度にすることを考えました。相談支援、障害児支援、就労支援など、様々な分野の専門官に来てもらっており、今でも専門官の皆様に大変活躍していただいています。

コラム15▼あんたは福祉が分かっておらへん

一つ小話を。ある夜、私が外出から職場に帰ってきたら、厚生労働省に来たばかりの専門官の方が誰かと電話でやり合っている。「あんたは福祉が分かっておらへん」とか、やってるな～っと思って見ていたのですが、どうも様子がおかしい。周りの人に誰と電話しているのか尋ねたら、なんと財務省の主査。すぐに電話をうばってフォローしましたが、厚生労働省の主査（準係長）と財務省の主査（各局の予算を決める方）との違いなんて確かに民間の方には分からないですよね。

当時の法改正については、財務省の担当主査に、基本的にはすべて了解をもらえました。

厚生労働省の予算の取りまとめ役を兼ねた主査で、おそらく裁量が大きかったことと、私が金融庁に出向した時に机を並べていた方で、改正の必要性を理解していただけていたということもあったと思います。大変助かりました（馬力があって、緻密で、霞が関にはすごい役人がいるのだと思った記憶があります。）。その後任の主査も昔厚生労働省の老健局に出向で来られていた時に一緒に働いていたことがある方で、改正内容が多い法律案でしたがスムーズに調整できて、とてもありがたかったです。

支援費制度の時から、政治的にも揉めていましたので、障害者福祉についてはある程度は見直しをする必要があるという雰囲気だったのだと思います。

コラム16▼法案を作成した仲間は一生の仲間

そんな大変な法案作成作業でしたが、当時は企画官[*32]を中心に平成21年（2009年）度からの報酬改定の作業もしていて、よく法案作業と報酬作業を両立できたな、と驚きます。

さらに、そんな忙しい中でも、3月初旬の週末に、障害福祉課の有志メンバーで、スキー旅行に行ったのでした。課長以下、結構な人数での課旅行で、それ以降も、毎年、当時のメンバーで、スキー旅行に行くようになりました。

私はスキーができなかったので、家族を連れて行って、子どものそり遊びと、夜の宴会を楽しんでいました。

最近はコロナ禍で行けていませんでしたが、他の法案でも、やはり一緒に法案をつくったりした仲間とは、その後もたまに飲み会等で会おうということはよくあります。

●地域移行・障害児支援室

ちなみに、当時は、法律は課長、報酬は企画官中心でやっていましたが、その後、障害福祉課が大きすぎるので、課内に室をつくることを検討することになりました。室に移すものとして障害児

＊32：室長と同等の立場のスタッフです。31頁の注釈（＊17）を参照。

支援、それに何をくっつけるか、どちらも共生が大事、相談が大事ということで、地域移行支援をくっつけ、地域移行・障害児支援室をつくる案としました。その後、企画官が室長となりました。

当時は、企画官は企画課併任でしたので、社会保障審議会障害者部会の資料は矢田貝がつくり、企画官に説明してもらうというコンビでやっていました。私は巨体なのですが、当時の企画官は小柄な方だったので、報告書がまとまった時の障害者部会で、ある委員から、「本当に対照的な体形のお二人の方が事務局で頑張っておられた」とコメントをいただきました（正式な議事録にも残っています。）。

●平成21年の改正法案～1度目の廃案

法案は、平成21年（２００９年）の3月末に、国会に提出されました。しかし、当時は、民主党への政権交代の直前で、結局審議されず廃案となってしまいます。私はその7月に企画課の政策調整委員（部局の窓口と取りまとめの仕事をします。）*33に異動。

一時期、私がすごくやせたことを知っている方がいるかもしれませんが、この時期です。法案提出後、仕事するのがいやになった訳でもないのですが、ダイエットに注力し、一気に30キロくらいやせました。（その後、じわじわと戻し、現在に至ります。）

毎日、昼休みに愛宕神社の85段の石段を登りに行っていたことを思い出します。

●平成22年の改正法案〜議員立法

平成21年（２００９年）９月に、民主党政権が誕生します。障害者自立支援法は廃止せよ、障害者自立支援法違憲訴訟には和解せよ、ともかく、すべてが一転します。

一所懸命つくった改正法案も、日の目を見ることなく…。

ところが、ここで奇跡が起きます。改正法案を、なかったことにするのは、どうか。基本的に、すべていい方向に見直す内容でしたので、なんとか議員立法で実現しようという動きになったのです。

与野党の調整を経て、「障がい者制度改革推進本部等における検討を踏まえて障害保健福祉施策を見直すまでの間において障害者等の地域生活を支援するための関係法律の整備に関する法律案」が平成22年（２０１０年）５月に提出されます。

障害者福祉施策は抜本的に見直すこととされており、もともとの改正法案から、障害程度区分の障害支援区分への見直しについては抜本的見直しの中でやるよう削除されましたが、その他の見直しは、基本的に平成21年の改正法案の内容がそのまま生かされたのです。

法律の題名の通り、内閣府の障がい者制度改革推進本部や障害当事者中心の障がい者制度改革推

＊33：厚生労働省の訓令では、政策調整委員は、①法令案その他重要な事項の審査、②国会の審議に関する書類の審査及び調整、③重要な記者発表資料の審査、④①から③のほか、厚生労働省の所掌事務に係る政策その他重要な事項の調整、に関する事務を処理するとされています。

進会議での検討により、障害者自立支援法を廃止して新しい法律をつくるまでのつなぎとして、改正法案を実施しようというもので、「つなぎ法案」と呼ばれていましたが、つなぎでも、これまで考えてきた法案が実現して欲しいと思っていました。

「つなぎ法案」は衆議院を通過し、参議院でも厚生労働委員会を通過し、あとは参議院本会議を残すのみ。

平成20年（2008年）4月に障害保健福祉部に来てから2年2か月、苦労が報われる瞬間です。

平成22年6月1日、あとは翌日の参議院本会議の採決のみという日の夜、上司と数人で、お疲れ様会で飲んだビールのおいしさは、今でも忘れずに覚えています。

まさか、それが幻の祝杯となろうとは、つゆとも思わず…。

●2度目の廃案

平成22年（2010年）6月2日の朝、私は通勤で、9時過ぎに、霞ケ関駅のホームを歩いていました。本会議は10時から。

そこで誰かから、「総理が会見するらしい」と聞きます。へ〜、今ごろなんだろ、と思いながら企画課に到着。テレビを見ると、「総理、辞意」。

えっ？

10時からの本会議は取りやめ。その後の会期も新総理の所信表明質疑までで、法案採決が行われずに国会は閉会し、つなぎ法案は廃案になってしまうのでした。

（私史上最大の）え～っです！

●再び議員立法

平成22年（２０１０年）夏の異動で、部長と私は留任。障害福祉課長が企画課長に、障害福祉課長は新しい方となりました。

いったん廃案になった、議員立法の法案を、再起動させることができるか。

当時の企画課長が、与野党の議員を周り、関係議員のお力により、議員立法の再提出にこぎつけます。

この課長の議員への説明は、本当にすごい手腕でした。私も、課長になったら、仕事は「外回り」、それに「マネジメント」と思っていましたので、この方の説明力は、是非見習いたいと思っていました。（何人か、採用面接でこの方の話を聞いて、厚生労働省に入ったという役人もいます。）

平成22年11月、臨時国会。「障がい者制度改革推進本部等における検討を踏まえて障害保健福祉施策を見直すまでの間において障害者等の地域生活を支援するための関係法律の整備に関する法律案」が提出され、翌12月に成立しました。

各部局の政策調整委員は、各部局の窓口となる者ですので、例えば大臣秘書官が各部局に連絡する時は基本的に政策調整委員に電話します（私が大臣秘書官を務めた時、政策調整委員の行方知らずの不在は、必ず怒っていました）。私はその政策調整委員だったのですが、参議院本会議で法律が成立する瞬間には、本会議場の公務員傍聴席に一人で行って、喜びをかみしめたことを覚えています。

●まんじゅうはあんこが大事

平成20年（2008年）4月に障害保健福祉部に来てから2年半、何はともあれ、検討から法案成立まで携われたことは、本当に幸せだったと思っています。

最初の1年は法案の検討から提出まで、その後の1年半、政権交代があり、2度の廃案もありましたが、法案は成立しました。

昔、ある上司（元事務次官）が、「まんじゅうはあんこが大事。かわや包装ではなく、あんこにこそ力を入れるべき」と、朝ドラ（令和3年（2021年）当時。あんこがキーでした。）のようなことを仰ってましたが、つなぎ法案は、あんこ（＝中身）がよかったからこそ、成立したのだと思っています。

時は民主党政権。障害者自立支援法は廃止し、新しい障害者総合福祉法をつくる、とされていました。つなぎ法案の成立後は、障害者総合福祉法の骨子案までは検討したことを覚えています。

政策調整委員も2年目で、比較的落ち着いた日々を過ごしていた平成23年（2011年）3月、東日本大震災が起きるのです。

東日本大震災等（平成23年～）

●東日本大震災当日

平成23年（２０１１年）３月11日の午後2時46分には、障害保健福祉部長室で会議をしていました。当時の部長は書類をためておくタイプだったので、国会中継中のテレビからあの（当時は聞き慣れなかった）緊急地震速報が流れたことと、部長の机の書類が、本当に崩れ落ちていく光景と、ずいぶん揺れが長く、これはただ事ではないと思ったことを、今でも覚えています。

とにかく、皆、日比谷公園に避難です。５号館の職員すべてが、階段を使って降り、日比谷公園が人で埋めつくされました。

日比谷公園への避難中も、大きな余震がありました。まだ寒かったのですが、ワイシャツ姿のまま飛び出してきていた者もいました。（そんな中、ある上司は、コートを着て、鞄を持って、いち早く避難されていました。落ち着いていらっしゃったのが印象的でした。）

当時、東北の地方自治体から出向で来られていた方が、日比谷公園で携帯電話でテレビニュースを見て、大津波が来ているのを知って、叫ばれていたことを覚えています。

大震災の日は、地下鉄も止まりましたので、障害保健福祉部は、歩いて帰れない者が役所に残り、歩いて帰れる者は方面別グループで歩いて帰ることとなりました。

私は、新宿・中野方面グループ。20人くらいだったでしょうか。あふれるくらいの人が甲州街道を歩いて帰っていたのを覚えています。

●震災対応

翌日からは震災対応の日々。

まず、首相官邸の方から私（政策調整委員）に、12時から会見するので、手話ができる人を一人至急お願いしたいと電話が来ました。企画課の自立支援振興室にお願いし手配してもらいましたが、官邸での会見に手話がつくようになったのは、この時からだと思います。

被害状況の把握、人・物の支援、計画停電への対応など、やることはいくらでもあります。ある課長は、それまでは部下に仕事をまかせて指導してくれるイメージだったのですが、スイッチが入ったように、先頭に立って指示を飛ばし始めます。

部長も、大きな東北地方の白地図を自分で買ってきて部長室に貼って、被害状況や対応を書き込むなど、これまたスイッチが入った印象。

私が厚生労働官僚が好きなのは、こういう時にやらねばとスイッチが入る人が多いところです。

震災直後、施設や病院におられた方を含めた障害者の支援をどうしていくのかや、計画停電への対応など、緊張感を持って働いていたことを覚えています。さらに、原発事故について、一時、東京都民全員が避難しなければならないような事態も想定されていたようです。そこまでの事態にはなりませんでしたが、しばらくは、震災対応の日々が続きました。

●社会・援護局災害対策室

災害対応、災害救助法の所管は、もともとは官房総務課でした（阪神・淡路大震災の時は官房総務課でした。）。その後、社会・援護局総務課に災害対策室が置かれます。今は、内閣府防災に移っています。

災害対策室長はじめ、室員は、ゴールデンウィークまで、一度も家に帰れない日々でした。当時の災害対策室長は、ひげぼうぼう、社会・援護局長も、新橋のサウナでシャワーを浴びる以外は、ほとんど役所におられた印象です。

社会・援護局は多忙を極め、政策調整委員が倒れてしまうという事態が起きます。

国会は止まっていましたが、ゴールデンウィークに、補正予算のため審議が入ることになりました。

私は障害保健福祉部の政策調整委員でしたが、ピンチヒッターとして、社会・援護局の政策調整委員を1か月くらい務めることになりました（政策調整委員は、大臣や局長の国会での答弁書の審査等もします。）。

みなし仮設（仮設住宅ではなく、避難者が、既存のアパートに入った場合にも、仮設住宅とみなして支援する）など、様々な新たな対応が行われており、当時の災害対策室メンバーには頭が下がるばかりです。

●熊本地震

（時は飛びますが）その後、私は、熊本県出向者だったこともあり、熊本地震の際には3回厚生労働省の現地本部長として現地に入りました。最初の震災直後の時は県庁の会議室に寝泊まりし、最後の日に当時県庁に出向していた後輩の家の水しか出ないシャワーを浴びさせてもらったことを覚えています。

コロナ禍もそうですが、厚生労働省は、こうした危機管理時には中心になるという宿命があると思います。何年かに一度そうした想定外の事態が起きますので、平時には、しっかりと制度改正等をできるだけ進めておく必要があると思っています。

ちなみに、熊本の現地本部に行った時は、ほんとに厚生労働省が一番大変でした。医療、福祉を所管しているほか、雇用、そして水道も所管していました。

現地では、なぜか避難所の一覧を聞かれたり（内閣府防災に所管が移っているにもかかわらず）、ゴミの収集はどうなっているか聞かれたり（平成13年（2001年）の省庁再編時から環境省に所管が移っているにもかかわらず）、とにかく何かあると厚生労働省どうなってる、と聞かれることが多かったです。

私は現地本部長でしたので、来ているスタッフの心身のケアと、本省からの○○の一覧出せ等の依頼に対してやることの優先順位をつけることが大変だった記憶があります。

コラム17▼様々な経験

平成23年（２０１１年）の夏の異動後、私は官房総務課で１年、大臣秘書官（三井辨雄大臣・田村憲久大臣）として２年過ごします。

小話ですが、官房総務課では、国会・答弁審査担当。当時は社会保障・税一体改革法が特別委員会で毎日審議されていたので、ほぼ毎日朝３時まで仕事をしており（大臣の答弁書はすべて審査します。）、その後大臣秘書官では、ほぼ毎朝４時に起きて、新聞６紙をチェックして（議論になりそうな記事があれば担当に電話確認して朝一番に大臣に説明します。）、大臣をお迎えに行く日々を過ごしました。

当時は気が張っていたので大丈夫でしたが、大臣秘書官をやめてしばらくしてから不整脈が出ましたので（今は完治）、やはり、体に無理な生活はほどほどにしておいたほうがいいと、強くお伝えいたします。

また、秘書官時代に、新聞６紙を読むと、同じことも、全然違う書き方になっていて、面白かったです（私はどちらかというとY新聞とかが好みで、一方、妻はT新聞とかが好みでした。）。

大臣と初出張の時は新聞読みから解放されると喜んだのですが、朝ホテルの部屋を出たらドアに新聞数紙が立てかけてあって、焦ったことを覚えています。２年間厚生労働省関係の記事に目を通し、勉強にはなったと思います。

当時の田村憲久大臣が、後に自民党の障害児者問題調査会の会長になられましたので、縁と言えば縁だなと思います。

障害者総合支援法（平成25年〜）

●障害者総合支援法

私が異動した後の平成23年（２０１１年）８月末に、障がい者制度改革推進会議において障害者総合福祉法の骨格提言がまとめられ、平成24年（２０１２年）３月に「地域社会における共生の実現に向けて新たな障害保健福祉施策を講ずるための関係法律の整備に関する法律案」が提出されます。その後、当時野党だった自民党・公明党でも議論が行われ、同案を修正の上に成立を図ることとされ、同年６月に成立しています。

●法律名

ポイントの１は、法律名の改正で、「障害者の日常生活及び社会生活を総合的に支援するための法律」（障害者総合支援法）となりました。障害者自立支援法の題名を、障害者総合支援法に改正したもので、法律番号（すべての法律には制定年とその年の何番目にできたかの法律番号が付されており、障害者自立支援法は平成17年法律第１２３号です。）はそのままとなっています。

●難病等の者を障害者に

ポイントの2は、難病等[*34]の者を、法の対象としたことです。介護保険法は、介護についての原因を問わない制度でしたが、障害者自立支援法では、身体・知的・精神障害者が法の対象でした。難病患者は、予算事業で福祉サービスが行われていましたが、障害者総合支援法の対象となりました。

●障害支援区分への見直し

ポイントの3は、障害程度区分の障害支援区分への見直しです。障害支援区分は、障害の多様な特性その他の心身の状態に応じて必要とされる標準的な支援の度合いを総合的に示すもので、障害支援区分の認定が知的障害者・精神障害者の特性に応じて行われるよう、区分の制定に当たっては適切な配慮等を行うこととされました。

＊34：法令上は「治療方法が確立しておらず、その診断に関し客観的な指標による一定の基準が定まっており、かつ、当該疾病にかかることにより長期にわたり療養を必要とすることとなるものであって、当該疾病の患者の置かれている状況からみて当該疾病の患者が日常生活又は社会生活を営むための支援を行うことが特に必要なものとして内閣総理大臣及び厚生労働大臣が定めるもの」とされ、366疾病が定められています（令和5年（2023年）4月現在）。難病以外の疾病も指定されていますので「難病等」と表記しています。

●共同生活援助の一元化等

ポイントの4は、共同生活介護の共同生活援助への一元化や、重度訪問介護及び地域移行支援の対象者の拡大など、障害者福祉サービスの充実が行われました。

●施行日

この法律は、平成25年（2013年）4月に施行（ただし、前記ポイントの3と4は平成26年（2014年）4月に施行）されるとともに、施行3年後の見直し規定が置かれています。

コラム18▼平成27年報酬改定

平成27年（2015年）には、3年ごとの報酬改定が行われます。

この時私は老健局の企画官でした。介護保険の介護報酬の担当で、財務省と改定率の折衝等の日々。特別養護老人ホームやデイサービスが儲かっているという雰囲気の中で、マイナス2・27％という大幅マイナス改定になります。

私は、なんとかマイナス幅を抑えようと、色々と段取りをしたのですが、そうした議論の中で、障害者福祉のマイナスは避けるべきという話が出てきて、結果として障害者福祉についてはプラスマイナス0の改定となります。（障害者福祉のために段取りをしたのではなかったのですが、結果としてお役に立ったのかもしれません。その後、私は医療の診療報酬改定や保育の公定価格改定も担当するのですが、この時の改定が一番大変でした。）

平成30年改正法（平成30年〜）

●平成30年改正法

障害者総合支援法の施行３年後の見直し規定に基づく検討が行われ、平成28年（２０１６年）５月に「障害者の日常生活及び社会生活を総合的に支援するための法律及び児童福祉法の一部を改正する法律」が成立し、平成30年（２０１８年）に施行されています。障害者が自ら望む地域生活を営むことができるよう、「生活」と「就労」に対する支援の一層の充実等が柱となっています。

●自立生活援助

まず、「自立生活援助」の創設です。施設やグループホームを利用していた者を対象として、定期的な巡回訪問や随時の対応により、円滑な地域生活に向けた相談・助言等を行うものです。現場で必要とされているサービスを埋める改正だと思います。

●就労定着支援

次に、「就労定着支援」の創設です。就業に伴う生活面の課題に対応できるよう、事業所・家族との連絡調整等の支援を行うもので、これも、現場で必要とされているサービスの新設に当たります。

●居宅訪問型児童発達支援等

障害児支援では、居宅を訪問して発達支援を提供するサービスが新設されるとともに、保育所等訪問支援の対象に乳児院・児童養護施設の障害児が加えられました。医療的ケア（日常的に必要なたんの吸引や経管栄養などの医療行為）を必要とする障害児のため地方自治体において保健・医療・福祉等の連携促進に努めることも盛り込まれました。

●65歳以上の障害者の利用者負担の軽減

障害者福祉サービスを5年以上使ってきた者が65歳になって介護保険サービスを利用する場合に、障害者福祉と介護保険の利用者負担が異なるため利用者負担が増える場合があるのですが、これを所得状況等に応じて軽減する仕組みが設けられました。

障害者も介護保険料を払っていますので、65歳になったらまず介護保険サービスを利用し、これで足りない場合や介護保険に対応するサービスがない場合に、引き続き障害者福祉サービスを使うこととされているのですが、その移行に当たって、利用者負担が増えないよう対応したものです。同じ要介護度で、同じ年齢・所得で、障害者とそうでない場合に利用者負担が違うということになってしまうのですが、長年障害者福祉サービスを使っていた者に対する現実的な配慮、ということだと理解しています。

令和４年児童福祉法／障害者総合支援法等改正（令和４年～）

●平成30年改正法の施行３年後見直し

平成30年（２０１８年）４月に施行された改正法の附則にも、施行３年後の見直し規定が置かれており、令和３年（２０２１年）３月から、社会保障審議会障害者部会で、３年後の見直しの議論が開始されました。

同部会では、まず、令和３年12月に、中間整理がまとめられます。

中間整理では、障害児支援の見直しについては、改正の方向性がまとめられ、これを踏まえて、令和４年（２０２２年）の通常国会で、他の児童福祉法の見直しとあわせて、障害児支援の見直しが行われました。

●令和４年の通常国会での児童福祉法の改正

令和４年（２０２２年）の通常国会での児童福祉法の改正は、全体としては、児童虐待の相談対応件数の増加など、子育てに困難を抱える世帯がこれまで以上に顕在化してきている状況等を踏まえ、子育て世帯に対する包括的な支援のための体制強化等を行うもので、その中で障害児支援の見直しもあわせて行うこととされました。

具体的には、

(1)　児童発達支援センターが地域における障害児支援の中核的役割を担うことの明確化や、障害種別にかかわらず障害児を支援できるよう児童発達支援の類型（福祉型、医療型）の一元化、

(2)　障害児入所施設の入所児童等が地域生活等へ移行する際の調整の責任主体（都道府県・政令市）を明確化するとともに、22歳までの入所継続を可能とする、

こと等を内容としています。

この改正法は、令和4年の6月に成立し、令和6年（2024年）4月から施行することとされています。

●令和4年の臨時国会での障害者総合支援法等の改正

令和3年（2021年）12月の中間整理の後も、障害者施策については、社会保障審議会障害者部会において、さらに議論が続けられます。同部会では、令和4年（2022年）6月に報告書が取りまとめられ、この報告書に基づく障害者総合支援法等の一部改正法が同年秋の臨時国会に提出され、同年12月に令和4年改正法として成立しています。

この令和4年改正法の詳細については、第3章（152頁以降）で詳しく説明していますので、そちらをご覧いただければと思います。

●制度の見直し期間

これまで、障害者福祉については、法改正してだいたい2年で施行して、その後3年で見直すこ

ととされていたので、おおまかに5～6年ごとに法改正が行われてきたことになります。

一方、障害者福祉サービスに対して支払われる報酬については、介護保険とあわせて、3年ごとに見直しています。

3年ごとに報酬を見直し、5～6年ごとに大きな制度を見直すというこれまでの周期は、よかったのではないかと思います。

一方、令和4年改正法に関して報告書をまとめた後の障害者部会では、今後は、見直しについて、各論だけではなく骨太な議論も必要、との意見がありました。様々な見直しを経ながら制度がだいぶ定着してきたことが背景にあると思われます。

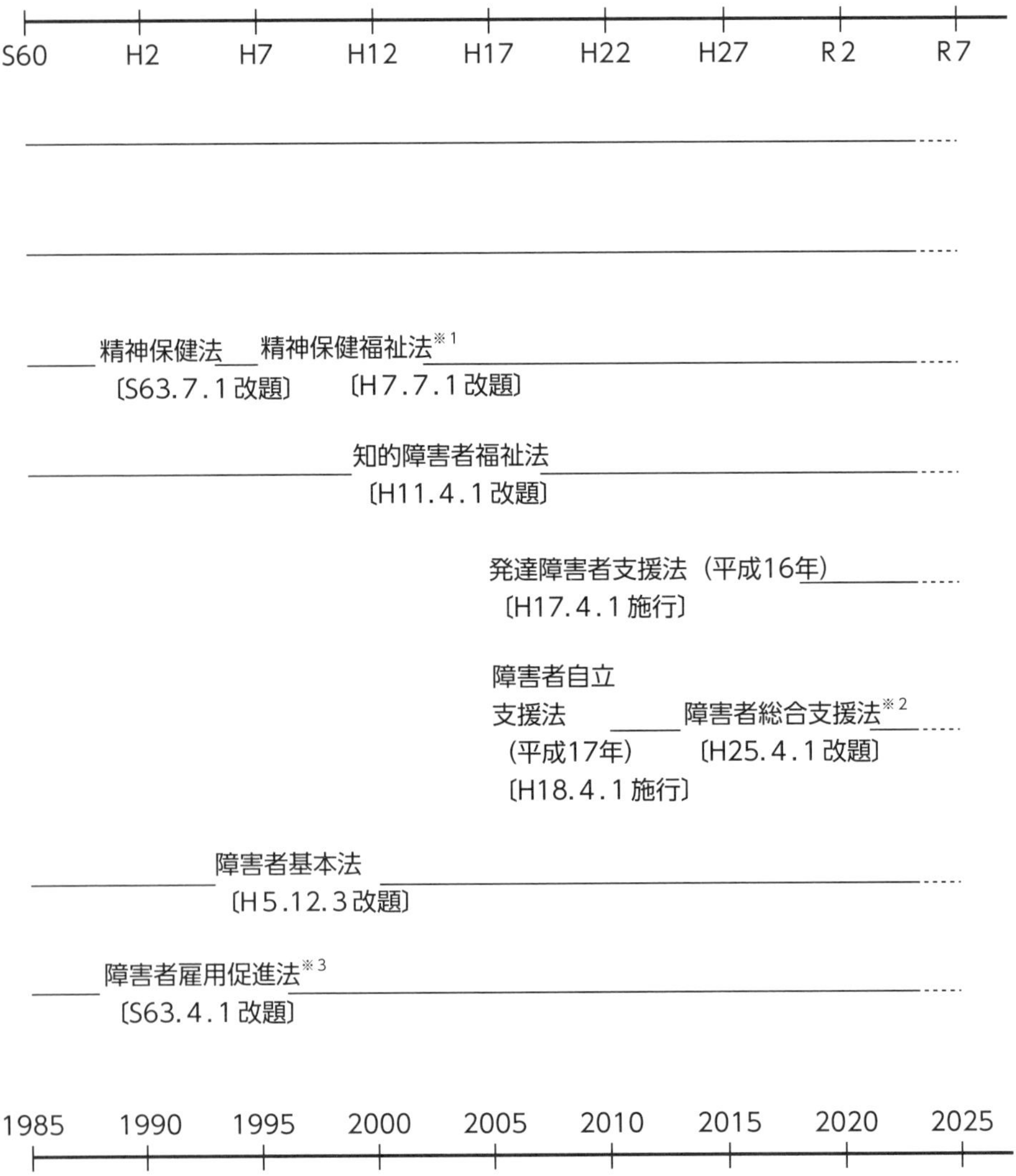
S60
H2
H7
H12
H17
H22
H27
R2
R7
精神保健法
〔S63.7.1改題〕
精神保健福祉法※1
〔H7.7.1改題〕
知的障害者福祉法
〔H11.4.1改題〕
発達障害者支援法（平成16年）
〔H17.4.1施行〕
障害者自立
支援法
（平成17年）
〔H18.4.1施行〕
障害者総合支援法※2
〔H25.4.1改題〕
障害者基本法
〔H5.12.3改題〕
障害者雇用促進法※3
〔S63.4.1改題〕
1985
1990
1995
2000
2005
2010
2015
2020
2025

図2：主な障害者の福祉の法律の変遷

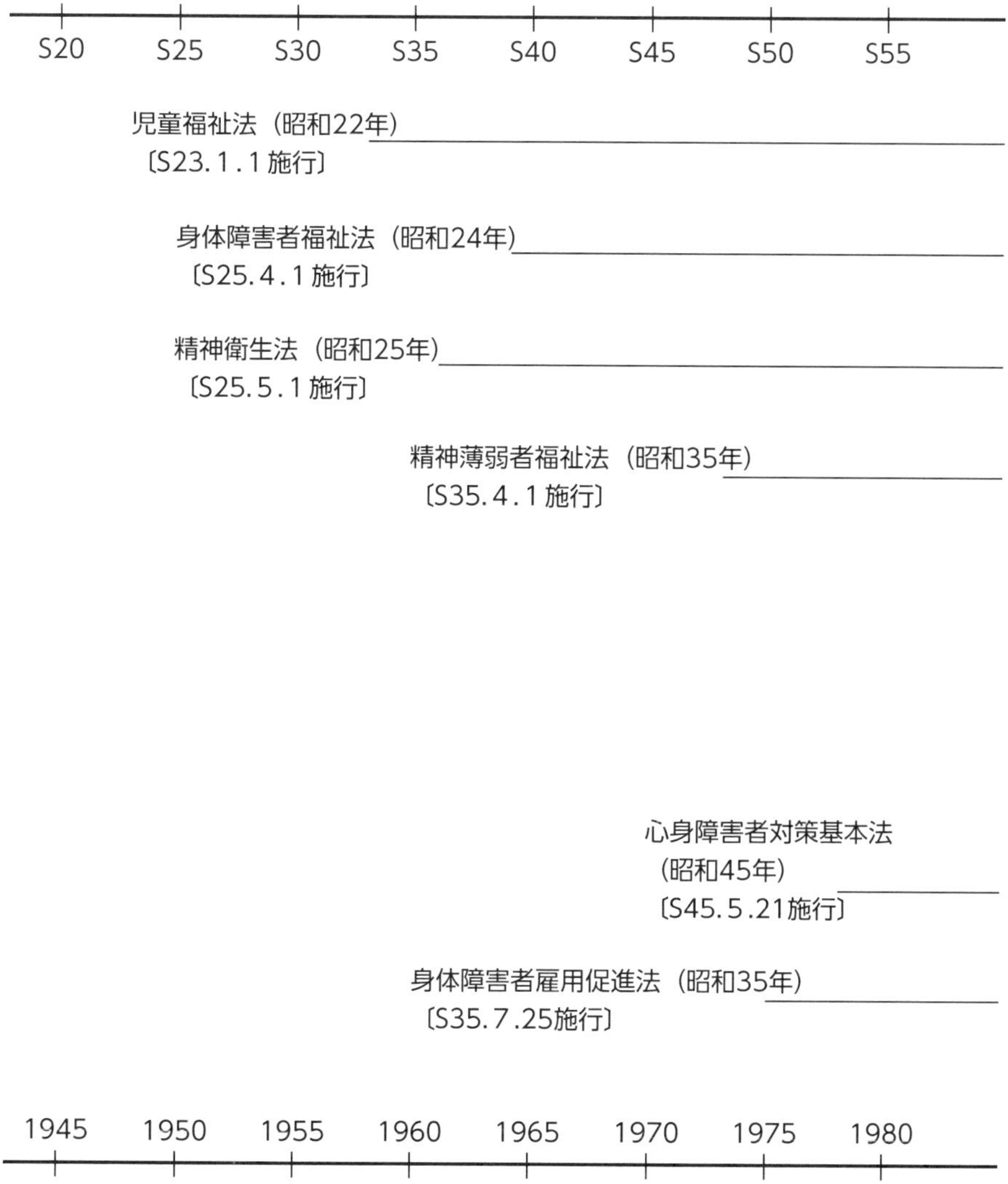

※1　正式な名称は「精神保健及び精神障害者福祉に関する法律」
※2　正式な名称は「障害者の日常生活及び社会生活を総合的に支援するための法律」
※3　正式な名称は「障害者の雇用の促進等に関する法律」

こども家庭庁の誕生（令和5年〜）

●こども家庭庁の誕生

令和5年（2023年）4月には、国の組織として新たに「こども家庭庁」が誕生しています。

こども家庭庁の設置目的は、こども（心身の発達の過程にある者）が自立した個人として等しく健やかに成長することのできる社会の実現に向け、子育てにおける家庭の役割の重要性を踏まえつつ、こどもの年齢及び発達の程度に応じ、その意見を尊重し、その最善の利益を優先して考慮することを基本とし、こども及びこどものある家庭の福祉の増進及び保健の向上その他のこどもの健やかな成長及びこどものある家庭における子育てに対する支援並びにこどもの権利利益の擁護に関する事務を行うこと等とされています。

そして、障害児の地域社会への参加・包摂（インクルージョン）を推進する観点等を踏まえ、こども家庭庁が所管する子育て支援施策の中で、障害や発達に課題のあるこどもへの支援を行うこととされています。

●歴史の大転換点

ここまで書いてきたように、障害児・者施策については、平成8年（1996年）に障害保健福祉部ができて、身体障害、知的障害、精神障害のある者の保健福祉については、大人も子どもも、同じ組織の中で対応してきました。

一方で、こども家庭庁という、こどものための新しい組織ができる時に、障害児は別、障害児は厚生労働省のまま、ということは、どう考えても正しくありません。

私はむしろ、障害児施策が、他のこども施策と同じ組織の中で行われるというのは、非常に前向きで、かつ障害児支援の歴史をいい方向に変えていく、大きな転換点になると期待しています。

平成24年（２０１２年）施行の障害児支援の見直しにより、障害児支援の利用者は、約10万人から約50万人へと、大きく増えています。児童発達支援や放課後等デイサービスなどの事業者も右肩上がりで増えています。これは、障害児支援の充実であり、よかったことは間違いありません。

一方で、「障害児は障害児支援で」という、インクルージョンとはむしろ逆の方向の動きが強まってきてしまっているのではないかとの懸念を持っていました。学校でも、気になる子がいると、専門的な機関で、という意識になりがちです。

私は、障害保健福祉部企画課長の前は保育課長をしていたのですが、保育所での障害児の受け入れを充実させ、例えば医療的なケアが必要な子どもでも可能な子どもはなるべく保育所で受け入れて、障害のない子もある子もできるだけ一緒に遊び、学び、育っていける環境づくりをしていくことこそが、いま求められていると感じていました。

そうした中、障害児支援が、他の児童福祉と同じ組織の中で所管することになることは、まさに大きな転換点になると思っています。

具体的には、こども家庭庁には、長官官房（企画立案・総合調整部門）、成育局、支援局ができましたが、その支援局の中で、様々なこどもや家庭への支援の一つとして、障害児支援も所管されることになります。

こども家庭庁では、障害児福祉サービス、医療的ケア児への支援等を担い、厚生労働省では、障害者に対するサービスや、障害者と障害児を一体として支援する施策等を所管することになります。

その際、こども施策全体の中で障害児支援の強化を図る一方で、障害児・者支援で断絶が生じないよう、こども家庭庁と厚生労働省が連携して取り組むこととしています。

例えば、こども家庭庁の支援局と厚生労働省の障害保健福祉部の職員が、必ず週1回は顔を合わせる連携会議を実施すること、さらに月1回は、障害児教育を担当する文部科学省や、障害者雇用を担当する厚生労働省の職業安定局も、一緒に会議をしていくこととしています。

●新たな歴史を

新しい体制で、新しい歴史をつくっていくきっかけになればと、強く思っています。

第2章

障害者福祉の法律の現状

第1節

障害者総合支援法及び児童福祉法

障害者の定義、手帳制度

●障害者の定義、手帳制度

さて、ここからしばらくは、障害者総合支援法の概要など、障害者福祉の法律の現状を再確認していこうと思います。

というのは、初めて障害者福祉に携わるという方もいらっしゃると思いますが、自分の担当業務に忙殺され、なかなか制度の全体像を確認する機会に乏しいということがあると思うからです。私でさえ、知らないサービスが新設されていたりしますので、ここから、制度の概要を書いていこうと思います。

歴史編（第1章）の復習になりますが、そもそも、障害者福祉は、身体障害者福祉法、知的障害者福祉法、精神保健福祉法に規定されていましたが、平成18年（２００６年）施行の障害者自立支援法により、三障害共通の給付制度となります。

このため、手帳制度などの昔からある福祉は身体障害者福祉法や精神保健福祉法に残り、入所や通所、訪問等の給付制度は、障害者自立支援法に移ることになったのです。今は、障害者総合支援法による給付が障害者福祉の中心となっています。

障害者総合支援法の説明に入る前に、障害者の定義、手帳制度について説明します。

●身体障害者の定義

身体障害者は、身体障害者福祉法に基づく身体障害者手帳を交付された者が、身体障害者と定義されます。法律上は手帳を持っている者が身体障害者です。視覚障害、聴覚障害、肢体不自由、心臓・腎臓・呼吸器の機能障害等が身体障害とされます。

統計上は、身体障害者は約４００万人以上おり、障害者総合支援法の給付を受けているのは約23万人となっています。

●知的障害者の定義

知的障害者は、知的障害者福祉法に定義や手帳制度は規定されていません。通知に基づいて、各地方自治体で療育手帳が交付されています。療育手帳をもとに、民間を含めて様々な支援が行われています。

だいたいＩＱ35以下の者が重度とされ、70ないし75以下の者が中軽度とされています。最近は、発達障害がある児童に療育手帳を交付する地方自治体が出てきており[*35]、交付対象が異なることとなっているため、その対応が課題の一つとなっています。

あわせて、手帳を持っていないような軽度知的障害の方について、刑務所の中や生活困窮者等の中にそのような方がいらっしゃることから、どのように支援していくのかもこれからの課題になっています。

統計上は、知的障害者は約100万人おり、障害者総合支援法の給付を受けているのは約44万人となっています。

●精神障害者の定義

精神障害者の定義は、精神保健福祉法では、精神疾患のある者、とされています。つまり、「病気の者＝障害者」となっており、統計上は約600万人いるとされています。

手帳制度については、精神保健福祉法が精神保健福祉法に改正された平成7年（1995年）に創設されており、長らく医療の対象とされていたものが、新たに福祉の対象となってきたという歴史があります。

手帳の交付を受けている者が約84万人、障害者総合支援法の給付を受けている者が約30万人となっています。

●医学モデル、社会モデル

これまで説明してきた障害者の定義は、障害者本人の心身の状況に着目したものであり、医学モデルと言われています。

一方で、障害者基本法の障害者の定義は、「身体障害、知的障害、精神障害その他の心身の機能の障害がある者であつて、障害及び社会的障壁により継続的に日常生活又は社会生活に相当な制限を受ける状態にあるもの」とされており、社会的障壁によって生活に困難がある者という社会モデルの考え方で書かれています。

●障害の害の字

障害の害の字を、漢字で書くか、ひらがなで書くか、という論点があります。「障害者＝心身に障害がある者」という考え方からは、人の呼称に害の漢字を用いるべきではない→ひらがなという意見になります。一方、「障害者＝社会の側に直すべき障害がある者」という考え方からは、ひらがなにする必要はないという意見になります。障害の当事者や関係者の間でも様々な意見があることから、政府としては引き続き漢字の障害の字句を用いているのです。

●難病等の者

障害者総合支援法では、法の対象となる障害者として、身体障害者、知的障害者、精神障害者のほか、平成25年（2013年）の障害者総合支援法の施行の際に、治療方法が確立していない疾病

＊35：知的障害を伴わない発達障害の場合、「精神障害者保健福祉手帳」を交付するのが本来の取扱いです（「発達障害者支援法」の項（138頁）参照）。

その他の特殊の疾病である者、いわゆる難病等の者を加えています。約４０００の難病等の者が障害者総合支援法のサービスを利用しています。

●障害児の定義

障害児については、児童福祉法上、身体に障害のある児童、知的障害のある児童、精神に障害のある児童（発達障害児を含みます。）又は難病等の児童とされており、手帳は要件とされていません。

現在、約50万人の障害児が、児童福祉法や障害者総合支援法の給付を受けています。私が課長補佐で障害児支援の見直しを行った平成22年（２０１０年）頃の利用者数は約10万人でしたので、ものすごい勢いでサービス利用者が増えている状況です。サービスの敷居を低くしたいというねらいは実現できていますが、障害のある児童とない児童が分断されることがないよう留意していかなければならないと思っています。

●障害者の数

障害者の数は、日本で１１００万人以上、人口の９％以上となっています。第一次産業で働いている人は約３００万人。農林水産業で働く人よりもたくさんの人を対象にしていますが、障害保健福祉部はまだ部で3課（企画課、障害福祉課、精神・障害保健課）体制です。障害者手帳を持っている者が約６００万人。障害年金を受給している者が約２２０万人、特別児童扶養手当の支給対象児童数が約28万人。障害者福祉サービスを利用している者が約１５０万人です。障害者福祉サービスについては一人あたり月に約20万円分の給付を受けています。

これまで、障害者の定義や数などを見てきました。霞が関で仕事をしていたり、現場で目の前のことだけを見て仕事をしていると、こうした全体像が見えづらくなってしまいますので、たまにはこうした全体像を意識してみることも必要だと思います。そして、様々な現場を視察することなどによって、現場をイメージしながら自分の仕事をしていくことが大切だと思っています。

障害者福祉サービスを受ける手続き

●サービスの利用手続き

次に、障害者福祉サービスを受ける手続きについて、見ていきましょう。
そもそも、医療・福祉を受ける場合の手続きは、以下の３パターンあります。
(1) 直接事業者に申し込む。医療がそうですね。保険証を持って、病院や診療所に行って、医療を受けると、費用は保険から出ます。
(2) 市町村に申し込む。生活保護がそうですね。昔の障害者福祉（措置時代）は、市町村に支援を申し込み、市町村が事業者に委託して支援を行うという仕組みです。
(3) 最初だけ市町村に申し込み、サービス利用は事業者に申し込む。介護保険がそうですね。要介護認定は市町村。サービス利用は、ケアマネジャーさんを利用しつつ、事業者に申し込みます。

障害者総合支援法に基づくサービス利用も、(3)型になります。

介護保険と障害者総合支援法が異なるのは、介護保険は、在宅サービスの場合、要介護認定により要介護度が決まると、1か月の支給限度額が決まり、その中でサービスを受けることができます。家に介護する家族がいても受けられます。

一方で、障害者総合支援法は、障害支援区分が決まっても、1か月の支給額は、個々に市町村が決める仕組みです。その際、サービス利用計画案を勘案はするのですが、最終的にどれだけの支援を行うのかは市町村が決めます。例えば、家族による介護の状況を踏まえて、支援の量を変えることもできるのです。この点、昔の措置制度的な仕組みが残っていると言うこともできると思います。

●介護給付、訓練等給付

障害者福祉サービスの利用手続きについては、介護給付か、訓練等給付かで、異なります。

障害者福祉サービスを受けたいと思った時は、市町村に申し込み、同時に相談支援事業者にお願いしてサービス利用計画の案をつくり、その計画案も踏まえて、市町村が支給量を決定します。

その際、介護給付の場合は、障害支援区分の認定が必要になります。一方で、訓練等給付は、障害支援区分の認定は不要です。

障害支援区分は、介護保険の要介護認定と同様、どれだけの介護的な支援が必要かを調査の上判定するものです。一方で訓練等給付は、介護的な支援が必要ない場合でも、就労の支援などを受けるものです。グループホームに入って就労する（福祉サービスを使わない）場合などは、障害支援区分の判定を受ける必要はありません。

介護給付とは、介護的な給付で、居宅介護、重度訪問介護、同行援護、行動援護、療養介護、生活介護、短期入所、重度障害者等包括支援、施設入所支援が当たります。

訓練等給付は、自立訓練、就労移行支援、就労継続支援、就労定着支援、自立生活援助、共同生活援助が当たります。

ちなみに、現在の給付費の内訳を見ると、介護給付が約５割、訓練等給付が約３割、障害児支援が約２割、相談支援が約２％、となっています。

訓練等給付が約３割あるというのが、高齢者福祉と異なる、障害者福祉の特徴だと思います。目指していることが、障害者の自立と社会参加の支援、もっと言うと、障害者の自己実現の支援だからだと思います。企画課の自立支援振興室で行っている文化・芸術活動の支援なども、障害者の生活を豊かなものにしていくためには大事な取組だと思います。（現在の厚生労働省の老健局は、介護保険がメインで、そういう高齢者の生活を豊かなものにしていくという部分が弱いと個人的には思っています。）

●介護保険と障害者支援

介護保険と障害者福祉の統合については、利用者負担等も異なりますので、単純な統合は無理だと思います。ただ、もし、介護保険の被保険者年齢を40歳から引き下げるという議論が行われるのであれば、そこで得られる財源の一部を、障害者総合支援法の介護給付の費用の一部に充てるべき、というのが、矢田貝の持論です。

障害者福祉は保険ではなく公費で行うべきという意見は強いものがあります。省内諸先輩でもそうです。一方、保険の仕組みで行われている障害年金もありますし、例えば20歳から介護保険料を払う制度になるのであれば、反対給付として障害のある者が給付を受けられるようにしたほうがいいのではと思っています（あくまで矢田貝の持論で、現在はメジャーな意見ではありません）。

入所・入居系サービス

それでは、各サービスの概要を見ていきましょう。

●施設入所支援

まずは施設サービスです。身体障害者療護施設や知的障害者更生施設など、障害者福祉は入所施設中心で始まりました。

しかし、平成18年（２００６年）施行の障害者自立支援法で、三障害共通のサービスとするとともに、日中活動と居住支援を別の支援にした（昼夜分離）のが、障害者福祉の最大の特徴です。当時の関係者の、昼も夜もずっと同じところにいるのはおかしい、どんな障害があっても、昼間活動する場所と夜寝る場所は別の場所であるべきだという強い思いが感じられます。

施設入所支援は、施設に入所する者に夜間や休日、入浴、排せつ、食事の介護等を行うものです。夜と土日は、施設入所支援を利用し、平日の日中は、生活介護や就労支援などの通所サービスを利用します。同じ施設に入所している者が昼間は別の施設に通うことも、同じ人が日によって違う施設に通うこともできるようにしたのです。

現在、約２６００施設、約12万４０００人が利用しています。（国保連*36データ、令和５年（２０２３年）１月サービス提供分です。以下、施設・事業者数、利用者数の数字は、原則国保連データです。）

●共同生活援助

居住系の支援として、数を増やしているのが、共同生活援助（グループホーム）です。共同生活を行う住居で、夜間や休日に相談、入浴、排せつ、食事の介護、日常生活上の援助を行うものです。今では約１万２０００事業所、約16万８０００人が利用しており、数の上では施設入所支援よりも多くなり、障害者の中心的な居住系支援の場となっています。

グループホームはもともとは働けるような障害者を対象としていたのですが*37、今ではそうし

*36：国民健康保険団体連合会。地方自治体の委託を受けて障害福祉報酬の審査支払を行っています。

た者も利用する一方で、かなり重度の者や医療的ケアが必要な者も利用できるようになってきました。

グループホームを重度の者が利用できるようになると、入所施設の必要性が改めて問われることになります。

やはり夜間も含めて人員が確保されている入所施設でなければ対応できない重度の者、医療的ケアが必要な者がいるのだと思いますが、できれば入所施設は有期限の利用としていったほうがいいのではと思っています。のぞみの園では、強度行動障害の方を有期限で入所させ、落ち着かせたところで元の施設に戻していくという、入所施設の専門性を生かした取組をしています。

今後は、中規模なサイズの施設を核として、そこに地域移行や地域支援の役割を担わせるべきという意見も出てきています。

入所施設のあり方は、引き続き、しっかり議論していくことが求められると思います。

●療養介護

施設サービスには、以下のような類型もあります。

一つは、療養介護です。医療と常時介護を必要とする人に、医療機関で機能訓練、療養上の管理、看護、介護及び日常生活の世話を行います。筋萎縮性側索硬化症（ＡＬＳ）、筋ジストロフィー、重症心身障害者などを対象とした医療機関で、医療部分については医療保険から給付がなされます。全国で約２６０か所、約2万１０００人が利用しています。

最重度の方を対象とした施設というか、病院です。厚生省に入省した時の最初の研修で見学に行ったことを覚えています。障害者福祉に携わるのであれば、機会があれば一度は訪れるべき施設だと思っています。

●宿泊型自立訓練

もう一つは、宿泊型自立訓練です。

対象者に一定期間、夜間の居住の場を提供し、帰宅後に生活能力等の維持・向上のための訓練を実施、又は昼夜を通じた訓練を実施するとともに、地域移行に向けた関係機関との連絡調整を行い、積極的な地域移行の促進を図ることを目的としています。標準利用期間は原則2年です。約２３０事業所、約３０００人が利用しています。

昔の知的障害者通勤寮が、宿泊型自立訓練に移行している例が多く、今でも通勤寮という名前のところがあります。本当に寮みたいなイメージだと思います。

また、昔は精神障害者援護寮（精神障害者生活訓練施設）という施設があり、一部が宿泊型自立訓練に移行していますが、グループホームに移行したところも多いイメージです。

＊37：「グループホーム」の項（13頁）参照。

表１　事業所数と利用者数（入所・入居系サービス）

サービスの種類	事業所数	利用者数
施設入所支援	2,560	124,432
共同生活援助（介護サービス包括型）	10,420	142,964
共同生活援助（外部サービス利用型）	1,239	14,891
共同生活援助（日中サービス支援型）	741	10,463
療養介護	258	21,010
宿泊型自立訓練	229	2,966
計	15,447	316,726

注　複数のサービスを利用している者については、利用者数として各々計上している。
出典：国保連データ（令和５年１月サービス提供分）

●福祉ホーム

自立支援給付ではありませんが、福祉ホームという事業もあります。これは、現に住居を求めている障害者に対し、低額な料金で居室、その他の設備や日常生活に必要なサービスを提供するもので、地域生活支援事業の１事業として存続しています。まさにアパートに近いイメージだと思います。身体障害者がグループホームの対象となったことから、グループホームに移行した事業所もありますが、約１３０事業所が福祉ホームとして残っています（令和３年（２０２１年）10月時点）。

●サービスの名前

ちなみに、障害者自立支援法から、色々と昔の名前が変わっています。例えば福祉工場は就労継続支援Ａ型、授産施設は就労継続支援Ｂ型、小規模作業所は地域生活支援事業の地域活動支援センターに移行していますが、個別の事業者名では昔の名前が残っているものもあります。更生施設も昔は中心的な施設の一つだったのですが、今は生活介護に移行しています。

雑談になりますが、名前というのは、気をつけてつけないと、分かりにくくなります。一度つけると変えられないので、よくよく考えて名前をつける必要があります。

例えば、同行援護（視覚障害者の移動支援）と行動援護（知的障害者の移動支援）は、どうこう援護とこうどう援護で、分かりにくいと突っ込まれたことがあります。ホームヘルプは居宅介護なのに、重度の者を対象とすると重度訪問介護となります。なぜ重度居宅介護じゃないんでしょう。介護保険ではホームヘルプは訪問介護で、居宅介護支援といったらケアマネジメントです。当時の担当者のこだわりかもしれませんが、名前は分かりやすく親しみやすいものを一所懸命考えるべきと思っています。

通所系サービス

●生活介護

では次に、通所サービスを見てみましょう。

障害者福祉の場合は、自宅から通所施設に通う場合だけではなく、施設入所支援やグループホームから日中活動の場として通所施設に通う場合があることが、介護保険との大きな違いです。

代表的なものは生活介護です。約1万2000事業所で、約29万8000人が利用しています。障害支援区分が3以上（施設入所者は4以上）、50歳以上の場合は障害支援区分が2以上（施設入所者は3以上）の者が対象で、入浴や食事等の介護、日常生活上の支援、生産活動の機会の提供等を行います。

●就労継続支援B型

生活介護よりも障害支援区分が軽い者が通う場としては、就労系障害者福祉サービスがあります。

代表的なものは、就労継続支援（B型）です。一般企業等での就労が困難な方に、就労する機会を提供するとともに、能力等の向上のため必要な訓練を行うものです。昔で言う授産施設です。約1万6000事業所で、約32万4000人が利用しています。障害者福祉サービスで一番多くの方が利用しているサービスです。

B型事業所の平均工賃は、月額約1万6000円くらいで、工賃を向上させていくことが課題となっています。事業者には経営的センスも求められます。

が、それ以上に、働く喜びを感じられる施設であることが重要です。「誰かの役に立って、ありがとうと言われる」ことが、幸せの基本です。B型事業所がいい施設になることは障害者が幸せになることと直結すると思っています。

●就労継続支援Ａ型

次に、就労継続支援（Ａ型）です。一般企業等での就労が困難な方に、雇用して就労の機会を提供するとともに、能力等の向上のために必要な訓練を行うものです。昔で言う福祉工場です。Ｂ型との違いは、雇用契約をしており、労働法規が適用されることです。最低賃金以上が障害者に支払われます。約４４００事業所で、約８万３０００人が利用しています。10年前から2倍以上に増えている状況です。

一時、Ａ型事業所の質が、問題となっていました。障害者を雇って障害福祉報酬を得ながら、障害者ではなく他の従業員に主に仕事をさせたり、売上からではなく助成金や障害福祉報酬から賃金を払い利益を得たり、営利至上主義で、働く喜びからはかけ離れているような事業者があり、運営基準の見直し等が行われています。

障害者がいきいきと働いているＡ型事業所もありますので、支援内容と働く内容についての質の確保が重要だと思っています。

福祉的就労のあり方について、将来的には、Ａ型もＢ型も廃止して、その財源を利用して、一般企業等での介助に費用を出して一般企業等での就労を進めるべきという考え方もあります。一方で、子どもの頃から児童発達支援、特別支援学校と、障害のある子と障害のない子が別に育つ環境のままでは、多くの障害者が一般企業等の中で働くという社会の実現はまだまだ難しいかなと思います。少しでも理想とする方向に近づいていければと思います。

コラム19▼A型、B型

ちなみに、障害者自立支援法をつくった当時、障害者自立支援法を書いた者は、A型、B型という区分をあまり明確に考えていなかったような気配があります。省令レベルになって、いきなりA型とB型に分かれるのです。

それにしても、A型、B型という命名も、大胆ですよね。それまで福祉工場とか授産施設とか言っていたものが、よくA型、B型という呼称が定着したなあと思います。B型よりもさらに生きがいづくり活動に近いC型が必要という意見も出てきています。

●就労移行支援

一般就労を進めていく観点からは、就労移行支援は、重要な事業です。障害者自立支援法で新設された事業です。一般企業等への就労を希望する方に、一定期間（標準では2年）、就労に必要な知識、能力の向上のための必要な訓練を行うものです。約3000事業所で、約3万5000人が利用しています。

福祉から就労への流れをつくっていきたいという、当時の担当者の強い意気込みが感じられます。福祉から一般就労へ移行する者は、障害者自立支援法ができた時には約2000人であったのが、今では約2万人になっています。でも、一般就労できる障害者は、まだまだたくさんいるはずですし、障害者が働けるであろう職場も、まだまだたくさんあると思います。

一般就労への移行は、地域での暮らしと並んで、障害者福祉の最重要の課題です。

●就労定着支援

新しいサービスとして、就労定着支援があります。平成30年（２０１８年）施行の改正法で新設されました。一般就労に移行した人に、就労に伴う生活面の課題に対応するための支援を行うものです。一般就労移行後、一定期間フォローアップを行います。約１５００事業所で、約１万５０００人が利用しています。利用期間は３年です。

施設・病院から地域での暮らしへの移行でも、福祉から一般就労への移行でも、移行支援・定着支援という支援が設けられています[*38]。

●自立訓練

通所サービスには、自立訓練という類型もあります。

自立訓練（機能訓練）は、自立した日常生活又は社会生活ができるよう、一定期間（18か月。頸椎損傷による四肢麻痺等の場合は36か月）、身体機能の維持、向上のために必要な訓練を行うものです。身体障害者が対象で、約１９０事業所で、約２２００人が利用しています。

＊38：それぞれ以下の支援が設けられています。地域移行支援（平成24年（２０１２年））、地域定着支援（同年）、就労移行支援（平成18年（２００６年））、就労定着支援（平成30年（２０１８年））。

自立訓練（生活訓練）は、自立した日常生活又は社会生活ができるよう、一定期間（24か月。長期入院者等の場合は36か月）、生活能力の維持、向上のために必要な支援、訓練を行うものです。知的障害者・精神障害者が対象で、約１３００事業所で、約1万４０００人が利用しています。

訓練等給付の訓練という名称がよかったかどうかはともかく、障害者の自立支援のためには、重要な支援であると思います。

●日中一時支援

通所サービスとしては、個別給付ではなく、地域生活支援事業の中の一サービスとして、日中一時支援があります。個別給付は、個々の障害者に対する給付（報酬の支払い）ですが、地域生活支援事業は、地方自治体が自ら又は事業者に委託して実施する事業で、地方自治体の裁量が大きい事業です。費用は二分の一以内で国が予算の範囲内で補助します（個別給付は二分の一を国が義務的に負担します。）。個別給付が介護や訓練であるのに対し、日中一時支援は、「預かり」（見守り）のイメージです。家族の就労のため、又は一時的な休息（レスパイト）のため、障害者を預かるサービスです。障害者も、障害児も、日中一時支援を利用できます。

日中一時支援は、１４７５自治体で実施されており、事業所数は1万６２０（令和3年（２０２1年）度末時点）と、個別給付ではないですが多くの地方自治体で実施されています。

障害者の家族の就労も当たり前になってきている中で、この「預かり」の機能の位置づけは課題

表２　事業所数と利用者数（通所系サービス）

サービスの種類	事業所数	利用者数
生活介護	12,363	298,119
就労継続支援Ｂ型	16,068	323,786
就労継続支援Ａ型	4,377	83,302
就労移行支援	2,977	35,415
就労移行支援（養成施設）	5	75
就労定着支援	1,530	15,191
自立訓練（生活訓練）	1,315	14,150
自立訓練（機能訓練）	189	2,238
短期入所	5,281	45,113
計	44,105	817,389

注　複数のサービスを利用している者については、利用者数として各々計上している。
出典：国保連データ（令和５年１月サービス提供分）

になってきます。介護のための給付、訓練等のための給付という基本は維持しつつ、保護者の就労ニーズに対しても、個別給付の中で、例えば延長加算のような形で、対応していくことが求められていると思います。

●短期入所

老人福祉では、ホームヘルプ、デイサービスと並んで在宅三本柱とされているのがショートステイ、短期入所です。自宅で介護する人が病気の場合などに、短期間、夜間も含め施設で、入浴、排せつ、食事の介護等を行うものです。約５３００事業所、約４万５０００人が利用しています。

近年、この短期入所の重要性が指摘されています。施設・病院やグループホーム、あるいは親元から一人暮らしに移行した場合に、例えば調子が悪くなった時に、この短期入所を一時的に利用して調子を整えるという機能です。医療的ケア児についても受け入れられる短期入所がもっと増えていけばと思っています。令和4年改正法で法律上に規定された地域生活支援拠点等の中でも、緊急時の相談と並んでこの短期入所は地域生活を支える重要な支援として位置づけられています。

訪問系サービス

●居宅介護

次に訪問系サービスを見ていきましょう。

代表は、居宅介護です。約2万2000事業所、約19万8000人が利用しています。いわゆるホームヘルプで、自宅で入浴や食事等の身体介護や、調理等の家事援助が行われます。このほか、通院等介助、通院等乗降介助があるのが障害者福祉の特徴です。

●重度訪問介護

さらに、重度の肢体不自由者、行動障害のある重度の知的障害・精神障害者を対象とする重度訪問介護というサービス類型があるのが障害者福祉の特徴です。長時間にわたる支援のイメージで、見守り等の支援も含まれます。外出時の移動支援や、区分6の者は入院中の意思疎通支援等も含まれ、いわゆるホームヘルプよりも対象が広くなっています。約７５００事業所、約１万２０００人が利用しています。

●同行援護

同行援護は、視覚障害により移動に著しい困難を有する者が外出する時、必要な情報提供や介護を行います。約５７００事業所、約２万５０００人が利用しています。

●行動援護

行動援護は、知的障害又は精神障害により行動上著しい困難を有す者が行動する際に生じ得る危険を回避するための必要な支援を行ったり、外出時における移動中の介護を行ったりします。約２０００事業所、約１万３０００人が利用しています。

●細かいサービス区分

訪問サービスについては、居宅介護のほか、重度の障害者に対する重度訪問介護、視覚障害者に対する同行援護、行動障害がある者に対する行動援護があることが特徴です。

法律上、こんなに細かくサービスを区分する必要があるのでしょうか。従事者に求められる要件等が違うので、事業者の指定を分けているのだと思います。一方で、医療保険では、法律上は診療所は診療所で一本です。眼科も皮膚科もみんな診療所は診療所で、診療報酬で分けています。

表３　事業所数と利用者数（訪問系サービス）

サービスの種類	事業所数	利用者数
居宅介護	21,757	198,067
重度訪問介護	7,499	12,192
同行援護	5,678	25,332
行動援護	2,026	13,184
重度障害者等包括支援	10	45
計	36,970	248,820

注　複数のサービスを利用している者については、利用者数として各々計上している。
出典：国保連データ（令和５年１月サービス提供分）

福祉は、措置費時代から、事細かに類型を分けて事細かに報酬等をつけてきた歴史があるので、新しいサービスをつくるには法律改正が必要となっているのだと思います。

●重度障害者等包括支援

訪問系サービスには、重度障害者等包括支援というサービスもあります。全国で10事業所、利用者も45人という希少なサービスです。

その名のとおり、常時介護を要する障害者（障害支援区分６）の中でも最重度の方に、訪問系サービスや通所サービス等を組み合わせて包括的に提供するものです。

一人当たり平均90万円超の給付を受けています。年間では１０００万円超の給付となります。

もちろん、このサービスを使わずに、個々のサービスを組み合わせて利用している障害者も多くいらっしゃいます。

こうした重度の方の生活を支えていくことは、障害者福祉の重要な使命だと思います。

●国庫負担基準

訪問系サービスを語る時には、国庫負担基準の仕組みを説明しなければなりません。介護保険は、個々人によって、要介護度に応じて支給限度額が決まります。しかし、障害者福祉は、重度の者は24時間支援が必要な者がいます。個々人に限度額を設定することはできません。

一方で、どれだけの支援を提供しているかは、全国の地方自治体間で格差がありました。そうした中、国が義務的に負担すべき負担額については、全国の9割程度の地方自治体をカバーできる水準で基準を決めています。その上で、重度の者が多い地方自治体や小規模の地方自治体については地域生活支援事業や補助金でさらに上乗せの財政支援をする仕組みとなっています。

相談支援等

●計画相談支援・障害児相談支援

次に、相談支援について見ていきましょう。

前にも書きましたが[*39]、平成24年（2012年）施行の改正法で、一番力を入れたのが、相談

＊39：「相談支援の充実」の項（57頁）参照。

支援の充実です。とにかく、障害者の地域生活支援のためには相談支援が胆。けど、一般の相談支援は一般財源化されていて予算が増えない。計画相談支援の対象者を大幅に拡大して、相談支援事業者に財源が流れ、相談支援事業者が増えて活躍していただけるようにしたい、というのが原点です。そして、障害者の地域生活を支えていく上で、どのように支援を受けるのかの計画を事業者以外の第三者がつくり、計画以外の相談も受けるようにすることが重要という考え方からです。

計画相談支援は、①サービスを受けたいという申請時に、支給決定前にサービス等利用計画案を作成し、支給決定後に事業者と連携調整等を行い、サービス等利用計画を作成します。②また、継続利用支援として、サービスの利用状況等を検証し（モニタリング）、必要に応じて新たな支給決定等に係る申請の勧奨を行います。約９８００事業所、約24万８０００人が利用しています[*40]。

障害児相談支援も同様の仕組みです。約６２００事業所、約９万５０００人が利用しています[*40]。

給付費の約２％が相談支援に使われています。改正前は約０・２％でした。

●地域移行支援、地域定着支援

計画相談支援は、介護保険にもある仕組みですが、地域移行支援、地域定着支援といったサービスが、障害者福祉オリジナルの相談支援です。

地域移行支援は、障害者支援施設や病院等に入所又は入院している障害者を対象に、住居の確保その他の地域生活へ移行するための支援を行うものです。支給決定期間は６か月です。約３２０事業所、約６００人が利用しています。

地域定着支援は、居宅において単身で生活している障害者を対象に、常時の連絡体制を確保し、緊急時には必要な支援を行うものです。支給決定期間は1年間です。約５６０事業所、約４１００人が利用しています。

地域移行支援と地域定着支援は、平成24年（２０１２年）施行の改正法で設立されました。これも、一般の相談支援の中で行っていたのでは広がらないだろうから、法律上に個別給付として位置づけ、予算が事業者に回り、地域移行や地域定着の支援を行う事業者が増えるようにしようというものです。

法律案をつくり、必要なところに予算を回すというのは、中央官庁で働く中で一番大切な仕事の一つだと思っています。

●自立生活援助

平成30年（２０１８年）施行の改正法では、自立生活援助というサービスも新設されました。このサービスも、ある地方自治体で実施されていた事業を参考としたものです。知的障害者や精神障

＊40：計画相談支援と障害児相談支援の事業所数と利用者数は、国保連データの令和４年（２０２２年）９月サービス提供分です。（以下、同じです。）

表４　事業所数と利用者数（相談支援等）

サービスの種類	事業所数	利用者数
計画相談支援	9,772	247,730
障害児相談支援	6,169	95,057
地域移行支援	320	566
地域定着支援	563	4,092
自立生活援助	295	1,270
計	17,119	348,715

注　複数のサービスを利用している者については、利用者数として各々計上している。
出典：国保連データ（令和５年１月サービス提供分。ただし、計画相談支援と障害児相談支援については令和４年９月サービス提供分）

害者が自宅やアパートでできる限りその人らしく暮らせるよう、「伴走」しながら支援します。

グループホームや障害者支援施設、病院等から退所・退院した障害者等を対象に、定期及び随時訪問、随時対応その他自立した日常生活の実現に必要な支援を行うものです。標準利用期間は1年です。約３００事業所、約１３００人が利用しています。

●相談支援等の再整理は

ちなみに、相談支援については、利用者負担はありません。一方、介護給付や訓練等給付については、所得に応じた利用者負担があります。

地域移行支援、地域定着支援は相談支援、自立生活援助は訓練等給付に位置づけられています。これらは障害者が地域移行し、地域生活に定着するための相談支援等に関するサービスです。各サービスが細かく法律上規定されているのを、再整理すべきという意見も出てきています。

一方で、予算をとる時、制度をつくる時は、趣旨を明確にして、必要なところに必要な財源をつけるという考え方から、細かくなってしまう傾向があります。障害福祉報酬等も、財源がない中、必要なところに財源をつけるためにどうしても細かくなってしまいます。包括的な報酬設定というのは課題ではありますが、色々な（悪質な者も含む）事業者がいる中では、難しい面があるのも事実だと思います。

障害児支援

●障害児支援は二つの法律から

次に、障害児支援について見ていきましょう。

障害児支援については、二つの法律がもとになっています。

一つは児童福祉法です。もともと児童福祉法に、児童福祉施設として、障害児の入所施設や通所施設が規定されていました。現在も、児童発達支援などの通所サービス、障害児入所施設への入所サービスなどは、児童福祉法に規定されています。

もう一つは、障害者総合支援法です。障害者、障害児共通の、ホームヘルプなどのサービスは、障害者総合支援法に基づいています。具体的には、同法のサービスで障害児が利用できるものは、

居宅介護、同行援護、行動援護、重度障害者等包括支援、短期入所です。

なお、障害児サービスについては、保護者がサービスの受給者となります。もう少し詳しく言うと、障害児サービスについても、利用者と事業者が契約によりサービスを利用し、その費用について市町村が利用者に支給する（実際には事業者に支払われる）という仕組みになっています。この場合の給付を受けるのは保護者となります。

●入所施設への措置

例外は、障害児入所施設への措置です。親が子どもを虐待している場合や、親が不在の場合等は、都道府県等（児童相談所）が、当該子どもを児童養護施設に措置して保護しますが、当該子どもに障害がある場合には、障害児入所施設へ措置されることになります。

つまり、障害児入所施設には、措置による入所児童と、契約による入所児童がいることになります。地方自治体によってもその比率は異なるのですが、措置による入所児童の方が多いイメージになっています。

もっと詳しく言うと、年齢が低いうちから障害児入所施設に入っている場合には、措置による割合が高いイメージです。一方、契約による入所については、家庭で養育し、特別支援学校等に通っていたものの、例えば15歳くらいになってから、行動障害が激しくなってきて、家庭での養育が難しくなり施設に入所するということも多いイメージがあります。

●障害児入所施設の再編

障害児の入所施設については、もともとは、知的障害児施設（平成18年（２００６年）10月１日現在で２５４か所）、自閉症児施設（同７か所）、盲児施設（同10か所）、ろうあ児施設（同13か所）、肢体不自由児施設（同62か所）、肢体不自由児療護施設（同６か所）、重症心身障害児施設（同１１５か所）の７類型がありました（児童福祉法上は、知的障害児施設、盲ろうあ児施設、肢体不自由児施設、重症心身障害児施設の４類型）。

これが、平成20年（２００８年）の障害児支援の見直しに関する検討会等での議論を踏まえ、平成24年（２０１２年）施行の児童福祉法の改正により、福祉型障害児入所施設と、医療機関で行われる医療型障害児入所施設へと再編されます。

●福祉型障害児入所施設

福祉型障害児入所施設は、施設に入所している障害児に対して、保護、日常生活の指導及び知識技能の付与を行うものです。親の不在や虐待等の理由により家庭での養育が困難な児童が、障害があるために障害児入所施設に「措置」により入所している場合と、障害が理由で「契約」で施設に入所している場合の両方の受け皿となっています。

施設数は１８０、利用者数が１３２０人。ただしこの数字は、国保連データです。地方自治体が国保連に審査支払を委託しない措置の場合なども含めたデータでは、令和４年（２０２２年）４月時点で、247施設、5892人となっています。

福祉型障害児入所施設は、数的には、知的障害が多いイメージです。同データでは、知的障害5525人、肢体不自由177人、ろうあ91人、盲52人、自閉症47人です。特に、年齢が高くなってから入所する場合は、在宅ではどうしようもなくなって、というイメージがあります。うちの兄も中学2年生の途中から施設に入りました。それで落ち着いたのか、高校からは在宅に戻って特別支援学校に通っていました。

●医療型障害児入所施設

医療型障害児入所施設は、施設に入所又は指定医療機関に入院している障害児に対して、保護、日常生活の指導及び知識技能の付与並びに治療を行うものです。平成24年（2012年）施行の児童福祉法の改正前は、重症心身障害児施設、肢体不自由児施設、第一種自閉症児施設でした。医療機関です。198施設、1750人が利用しています。これも国保連データです。地方自治体が国保連に審査支払を委託しない措置の場合なども含めたデータでは、令和4年（2022年）4月時点で、266施設、2971人となっています。同データでは、重症心身障害2084人、肢体不自由861人、自閉症26人となっています。266施設中、国立病院機構の病院が88施設あるというのも特徴だと思います。

障害児施設に入所している子どもも、義務教育を受けます。福祉型障害児入所施設ですと、通学バスに乗って、特別支援学校に通う、というイメージがありますが、重症心身障害児については、特別支援学校の先生が医療機関を訪問して授業を行うというイメージがあります。

医療的ケアが必要な子どもであっても、他の子どもと一緒に教育を受けられるようにしていくことは、これからの障害児支援の大きな目指すべき方向の一つだと思っています。

●過齢児の解消

平成20年（２００８年）の障害児支援の見直しに関する検討会での検討時には、18歳を過ぎても、行き場所がないので、そのまま障害児施設に入所するという「過齢児」という課題がありました。知的障害児施設の約40％、自閉症児施設の約29％、肢体不自由児施設の約９％、肢体不自由児療護施設の約47％が、18歳以上のいわゆる過齢児となっていました。障害児施設の施設基準は、当然、大人のものよりも小さく、例えばトイレも小さかったりして、大人が入所するにふさわしいものではありません。

そこで、平成24年（２０１２年）施行の改正法で、18歳以上の者については、大人の施策、現在の障害者総合支援法から給付を受けることになりました。その際、経過措置を設け、改修するまでの間は障害児施設のままでも障害者施設としての指定を受けられるようにして、急に行き場がないということにならないようにしつつ、大人の施設にふさわしい環境への改善を促していくという改正が行われました。

この改正後、過齢児の課題は、かなり解消が進んできています。例えば、国立施設である秩父学園については、私が課長補佐の時に視察に行ったら過齢児が多くいたのですが、企画課長になってから視察に行ったら過齢児はおらず入所者は18歳未満の者という、障害児施設としてあるべき姿に変わっていました。ただ、一部の施設（地方自治体）でまだ過齢児の課題が残っていることもあり、令和4年（2022年）の通常国会で成立した児童福祉法の一部改正法では、障害児施設入所者の18歳以降の移行先の調整について地方自治体の責務であると明確に位置づける改正を行っています。

障害施策については、支援費制度、障害者自立支援法など、大人の施策のほうがバタバタしていて、私が課長補佐として着任した平成20年（2008年）まで、障害児施策の法律についてはずっと手つかずであった印象です。

それまで、子どもの施設に大人になっても入っているというのが常態化していたことにも驚きましたが、きちんと法改正をして、あるべき姿に現実も変わってきているので、担当した者としてはホッとしているところがあります。

コラム20▼重症心身障害児・者への対応

過齢児の課題を議論する時に、一番気をつかったのが、重症心身障害児・者をどうするか、という点です。非常に重い障害の方で、病院のベッドで生活されている方が多くいます。18歳になったからといってその生活が変わる訳ではなく、親の会の方からは、今のままでいい、子ども達は18歳を過ぎてもゆっくり成長している、ずっと同じ小児科医の方にみてもらいたい、などの声もいただいていました。重症心身障害児・者についてだけは改正しないという選択肢もありました。

しかし、やはり、重症心身障害児・者だけ18歳を過ぎてもずっと児童福祉法というのはおかしいと思いますし、その時やらなければその後の改正も難しいだろうという理由から、一緒に改正することになりました。18歳を過ぎたら障害者自立支援法の療養介護へと移行しつつ、子どもの施設と大人の施設を一体のものとして運営できるように基準が改正されました。児者一貫の支援は変えずに、法律は18歳以上は大人の法律で支援するという改正です[*41]。

●障害児通所施設の再編

次に、障害児の通所施設について見ていきましょう。

もともと、障害児の通所施設は、障害種別ごとに分かれていました。知的障害児通園施設（平成18年（２００６年）10月１日現在で２５４か所）、難聴児通園施設（同25か所）、肢体不自由児通園施設（同99か所）、また、より身近な通所施設として、児童デイサービス（同１０９２か所）がありました。

障害種別ごとの障害児通園施設については、平成24年（２０１２年）施行の児童福祉法の改正で、

＊41：ただし、これに伴って給付主体が都道府県から市町村に変わる等の変更はあります。

児童発達支援に一元化することとされました。

もっと正確に言うと、診療所等の医療機関で肢体不自由児を対象として療育を行う医療型児童発達支援と、その他の福祉型児童発達支援への二元化です。

医療機関で行うものとそれ以外とは色々と異なるだろうと思い二つに分けたのですが、その後、令和4年（2022年）の通常国会で成立した児童福祉法の一部改正法により、医療型と福祉型も一元化することになりました。

●**月割りと日割り**

そもそも、障害児通所施設は、月単位の報酬だったのが、障害者施策と同様日単位の報酬になります。この時に、障害児通所施設については障害種別によって週に通う日数が違う（例えば肢体不自由児は週数回しか療育しない）ことを十分に踏まえずに日単位の報酬にしてしまったのではないかという印象が課長補佐に着任した時にありました。特に、医療型の児童発達支援は、福祉部分の報酬が低かった印象があり、これが、医療型と福祉型を一元化すべきとの話につながった要因の一つなのではないかと思っています。実態調査等を踏まえた報酬設定をしていくことが求められます。

●**児童発達支援と児童発達支援センター**

児童発達支援とは、障害児に対して日常生活における基本的な動作の指導、知識技能の付与、集団生活への適応などのための支援を行う事業を言います。

児童発達支援は、①児童発達支援センター（児童福祉施設の一つであり、固有の施設を持つ）で行われるものと、②児童発達支援の事業者の指定を受けて行われるものがあり、児童発達支援センターにおいては、障害児への療育や家族に対する支援に加え、地域における相談支援や他の事業者への援助・助言を行うこととされています。令和３年（２０２１年）10月時点で、児童発達支援センターは福祉型が６７６か所、医療型が95か所であったのに対し、それ以外の児童発達支援の指定を受けた事業者は１万１８３か所ありました。令和４年（２０２２年）の通常国会で成立した児童福祉法の一部改正法により、児童発達支援センターが地域における障害児支援の中核的役割を担うことの明確化が行われています。

障害児通園施設の敷居を低くして、なるべく早期発見、早期療育する観点から、保護者が通いやすい名称にするために、各事業の名前から「障害」の語をなくし児童発達支援としたのは、歴史編（第１章）で書いた通りです[*42]。

●放課後等デイサービス

放課後等デイサービスは、授業の終了後又は休校日に、児童発達支援センター等の施設に通わせ、生活能力向上のための必要な支援や、社会との交流促進などの支援を行うものです。

＊42：コラム「言葉シリーズ③【児童発達支援】」（29頁）参照。

平成24年（２０１２年）施行の児童福祉法の改正法では、放課後等デイサービスが独立した事業とされました。放課後対策の重要性が言われていましたので、法律上に位置づけることになりました。

その後これまで、利用者が非常に増えたことは、ねらい通りであったとも言えますが、今後は、量だけではなく質の確保が課題になっていると思います。とはいえ、これまで療育を回避していた層が積極的に利用するようになったのは悪いことではないので、きちんと療育して、能力を生かして自立につなげていくことが重要なのだと思っています。

●居宅訪問型児童発達支援

平成30年（２０１８年）施行の児童福祉法の改正では、居宅訪問型の児童発達支援も新設されました。重度の障害があって外出が困難な児や人工呼吸器をつけている児を対象に、訪問により療育を行うものです。

障害児支援については、平成24年（２０１２年）施行の児童福祉法の改正で現在の制度の基礎がつくられ、その後の改正法でもより現場に必要とされている方向での改正が行われてきていると思っています。

●障害児サービスの利用者数

現在のそれぞれのサービスの事業者数と利用者数を整理すると、

・福祉型児童発達支援　１万１００４事業所　16万７７１２人
・医療型児童発達支援　88事業所　１７３０人
・放課後等デイサービス　１万９６３８事業所　30万９９６１人
・居宅訪問型児童発達支援　１１５事業所　３３６人

となっています。

平成24年（２０１２年）施行の児童福祉法の改正前の利用者数は約10万人でしたので、現在、約50万人の子どもが利用しているということは、サービスの裾野がかなり広がったことは間違いないと思います。

●保育所等訪問支援

保育所等訪問支援は、保育所等を訪問して、障害児に対して、障害児以外の児童との集団生活の適応のための専門的な支援などを行うものです。１５１２事業所、１万５６４９人が利用しています。

前にも書きましたが*43、これは、障害福祉課の課長補佐に着任してすぐに視察に行った相模原市の療育センターが独自事業として保育所等を訪問していたものに一目ぼれして、法律上の制度として新設されたものです。

＊43：「保育所等訪問支援」の項（54頁）参照。

それまで療育センターに通っていた児童について、療育センターの職員が付き添う形で、保育所にお試しで通い、慣れてくればそのまま保育所への通園に移行します。療育センターの職員が来ますので、保育所も障害児の受け入れのハードルが低くなります。また、保育所にはグレーゾーンの子がいますので、療育センターの職員に見てもらってアドバイスをもらうということもできます。

子どもの頃から、保育所と、児童発達支援に子どもが分かれてしまっていたら、いつまでもインクルージョンは進みません。保育所等訪問支援により、少しでもインクルージョンが進めばと思ってつくられたものです。

●障害児相談支援

障害児についても、障害者の計画相談支援と同様のものとして、障害児相談支援があります。約6200事業所、約9万5000人が利用しています。

一方で、障害児については、保護者自らサービス利用計画をつくるセルフプランも多いと言われています。障害児について、どういう療育を、どのくらい受けたらいいかというのは、大人以上に難しい課題です。現在のようにサービス事業者が増えてくるとなおさらより適切な療育に結びつけていくことが重要であり、次の報酬改定に向けてもこのことは課題の一つになっています。

●障害児支援とインクルージョン

障害児支援について、最近、難しいなあと思っていることがあります。

表５　事業所数と利用者数（障害児支援）

サービスの種類	事業所数	利用者数
児童発達支援	11,004	167,712
医療型児童発達支援	88	1,730
放課後等デイサービス	19,638	309,961
居宅訪問型児童発達支援	115	336
保育所等訪問支援	1,512	15,649
障害児入所支援	180	1,320
医療型障害児入所支援	198	1,750
計	32,735	498,458

注　複数のサービスを利用している者については、利用者数として各々計上している。
出典：国保連データ（令和５年１月サービス提供分）

平成24年（２０１２年）施行の児童福祉法の改正で、なるべく多くの障害児が、早期発見・早期療育できるようにと児童発達支援、放課後等デイサービスへの再編等を行ったのですが、利用者が10万人から50万人に増えるなど、ある意味ねらい通りにサービスの裾野が広がっています。

当時は、親が、自分の子は障害ではないと言ってなかなか早期の療育につながらなかったのですが、今は、サービスが使えるなら使おう、手当がもらえるならもらおう、という感じで、サービスが身近になってきたのだと思います。

障害児支援が身近になることはいいのですが、二つ、心配に思っていることがあります。

１点目は、障害児支援がしっかりすればしっかりする分、一般施策との間に壁ができて、インクルージョンに逆行することになっていく点です。

障害児支援が身近になって、その延長で特別支援教育を受けたいという保護者も増えてきていて、逆に一般の学校や保育所の中に障害のある子やいわゆる気になる子がいづらくなってしまっては、ノーマライゼーションの理念にも反します。

こども家庭庁ができて、障害児支援が一般児童福祉と同じ組織になることは、この点では非常に時宜を得た話だと思っています。

●軽度知的障害、発達障害の子への支援

もう1点は、これまでボーダーと言われていた子ども、軽度知的障害と言われることもありますし、知的障害のない発達障害の子どももそうだと思うのですが、これらの子への支援を、課題としてしっかりと位置づけていく必要があると思っています。

これらの子は、そもそも障害児支援の対象にすべきなのか、本来は、通常のクラスの中にいて、配慮されるべき存在だと思うのですが、福祉と教育の間に落ちてしまわないようにしていかなければならないと思っています。

『ケーキの切れない非行少年たち』という本[*44]があり、丸いケーキを三等分にできない子のことが書かれています。一般学級の中で、勉強のできない子、ちょっと変わった子、浮いている子、などが、うまく支援されないと非行等につながってしまったりします。これらの子は、知的障害に当たらず療育手帳を取得していない場合が多くありますが、そうした子の支援について、福祉、教育の関係者が、共通認識を持って考えていかなければと思っています。（大人になると、生活困窮者

自立支援法等ができてある程度支援につながってきているのかもしれませんが、子どもについては学校の先生次第で、先生方も困っているという感じがしています。）

＊44：宮口幸治『ケーキの切れない非行少年たち』、新潮新書、２０１９年。

第2節 その他の法律

さて、これまで、特に障害者総合支援法の歴史と現状について書いてきましたが、障害者福祉に関する法律は障害者総合支援法に限りません。障害保健福祉部で所管している他の法律等について見ていきたいと思います。

●身体障害者福祉法

まずは身体障害者福祉法です。昭和24年（1949年）制定の法律です。平成18年（2006年）施行の障害者自立支援法ができるまでは、身体障害者の援助及び保護は、この法律に基づいて行われていました。今は、給付の部分は、障害者総合支援法に移管しています。

この構造は、他でも見られます。今でも老人福祉法はありますが、給付については平成12年（2000年）から介護保険法に移っています。また、児童福祉法はありますが、保育の給付等については、平成27年（2015年）から子ども子育て支援法に移っています。保育所の根拠は児童福祉法に残っていますが、保育の給付については子ども子育て支援法です。一方、障害児支援については、給付も児童福祉法に規定されています。平成24年（2012年）施行の児童福祉法の改正の際、給付を障害者自立支援法に移す選択肢も理論上はあり得たと思いますが、例えば障害児施設は児童養護施設同様、児童福祉施設ですし、入所も契約による入所と児童養護施設同様の措置による入所が残っています[*45]ので、児童福祉法に規定することが適当と考えられます。

身体障害者福祉法に残っている主な規定の一つが、身体障害者手帳です。日本の法律では、身体障害者手帳の交付を受けている者が、身体障害者です。また、身体障害者の社会参加の促進等として、意思疎通支援や補助犬に関すること等も規定されています。また、公共施設に身体障害者が売店を設置すること、たばこを販売できることなどの規定が残っています。たまに自動販売機でも障害者の福祉のためというのを見かけることがあります。障害者福祉の歴史では、仕事を与えて生計を立たせようという「授産」と、リハビリテーションなどの「更生」という言葉が使われていましたが、今は就労支援や自立訓練等の言葉になっているとともに、地域において共生していく中で障害者にとっての障壁を除去して自立と社会参加を支援する等の考え方が重視されてきています。

●知的障害者福祉法

知的障害者福祉法は、昭和35年（１９６０年）制定の法律です。主に入所施設をつくって知的障害者を保護することを目的としていますが、給付の部分は障害者総合支援法に移管しています。また、療育手帳については、身体障害者手帳とは異なり、法律上に根拠がなく、事務次官通知で各地

＊45：虐待など保護を要する児童について、都道府県等（児童相談所）が措置をする仕組みが残されています。

方自治体に呼びかけているという位置づけです。すでにいくつかの県で独自の手帳制度があったためですが、その統一化、法定化が、令和になった今、課題になっています。

前にも書いていますが[*46]、平成11年（1999年）に、精神薄弱者の語が知的障害者に改正されています。医学的には精神遅滞とか知的発達障害が正しいのですが、当時の精神保健福祉課の上司が、医療関係者に「みな、知的障害でいいと言っています。」と電話して調整をされ、霞が関というのはすごいところだと思ったことを思い出します。

●精神保健福祉法

精神保健福祉法は、正確には精神保健及び精神障害者の福祉に関する法律です。精神障害者の医療について規定した精神衛生法（昭和25年（1950年））が昭和62年（1987年）に精神保健法になり、平成7年（1995年）に法律名に「精神障害者の福祉に関する」が加わります。そして、平成18年（2006年）に福祉の給付の部分は障害者自立支援法に一元化されます。といっても、精神障害者の福祉はそれまでは精神障害者社会復帰施設が中心でしたので、平成18年に障害者自立支援法の対象になったことで、精神障害者が利用できるサービスが一気に広がったととらえられます。

そもそも、精神障害者は医療の対象という認識が長く続き、法律上福祉が入ってきたのも昭和62年の改正により精神保健法になってからです。平成7年の改正で、法律名に福祉が加わるとともに、精神障害者保健福祉手帳等が導入されます。私が精神保健福祉課の係員の頃、精神障害者もバスの運賃割引の対象とするよう運輸省にお願いに行ったのですが、その頃まで精神障害者はバスへの乗車を拒否できるという古い規定が省令に残っていたことにビックリした記憶があります。

また、身体障害者、知的障害者と違い、精神障害者には、精神障害者社会復帰施設はありましたが、いわゆる入所施設はありませんでした。精神科病院への長期入院が施設の代わりと思っていましたが、保護課にいた時に救護施設などの保護施設を見に行った際、実質的に精神障害者の施設の役割を果たしている施設があり（地域差があります。）、なるほどと思いました。

精神障害者の医療に関することは今でも精神保健福祉法がメインの法律で、令和４年改正法では医療保護入院制度等の改正も行われています*47。知的障害者は、医療については精神障害者に含まれるのですが、精神保健福祉法第45条以下の福祉に関する規定は精神障害者のみに適用されることとされています*48。

精神障害者の福祉は、法律に福祉が位置づけられ、厚生省に障害保健福祉部ができて、障害者自立支援法の対象となって、だいぶ進んできたと思います。精神障害者のサービスの利用は今でも伸

＊46：コラム「言葉シリーズ②【知的障害】」（29頁）参照。
＊47：「医療保護入院の見直し」の項（176頁）参照。
＊48：第45条の手帳制度のほか、第51条の2から精神障害者社会復帰促進センターの規定があるのですが、現在は指定を受けている法人はありません。

びています。もともとは精神保健課で細々と福祉をやっていたのが、今では障害福祉課が当たり前に精神障害者の福祉を担っています。平成の間に、精神障害者の福祉の分野は、一番よくなった行政分野の一つなのではないかと思っています。まだまだやるべきことはありますが、「地域の中で」という考え方で進めていければと思っています。

●精神障害のイメージ

精神障害者が地域の中で暮らしていくためには、精神障害についての正しい理解を広げていく必要があると思っています。精神障害は誰もがなり得る病気です。一方で、ほんの一部の例を見て精神障害は怖いというイメージを抱かれがちです。地域の中で暮らそうという精神障害の方と会って、話してみれば、それが誤解であることはすぐに分かります。

精神科病院についても、これまで視察させていただいた病院には、地域の中でなくてはならない存在となっている病院が多くあります。コロナ禍の中でも、苦労して入院患者の治療等に尽くしていただきました。

メンタルヘルスについては、誰にとっても身近なものですし、福祉と精神保健との連携もより重要になってきています。令和5年（2023年）1月〜3月に、発達障害がテーマのドラマがやっていて、見ているととても理解が深まったのですが、精神障害についても、そうした理解が深まる仕掛けを引き続き考えていく必要があると思っています。

●精神保健福祉士法

精神保健福祉「士」法については、最初の頃に書きました[*49]ので、詳しくはそちらをお読み下さい。精神障害者の相談、援助を行う者の国家資格を定めています。入省2年目の時に初めて私が書いた法律です。今でも、名刺に精神保健福祉士とある方と名刺交換すると、あの時に頑張ってよかったなーと思っています。令和5年（2023年）3月末時点で約10万2000人の方が登録されています。精神障害者を、医療の面だけではなく、福祉の面から支える人材が絶対に必要だ。そうした思いで立法されましたので、実際に精神保健福祉士が活躍している社会になっていることをうれしく思っています。

●公認心理師法

平成8年（1996年）当時、精神保健福祉士と並んで検討課題だったのが心理士の国家資格化ですが、平成27年（2015年）に議員立法で公認心理師法が成立しました。心理士の方は、主に学校分野で活躍される方と、医療分野で活躍される方がおり、医師との関係（医師の指示の下でなければならないのか。公認心理師法では主治の医師がいる時はその指示に従わなければならないとされています。）や、業務独占なのか名称独占なのか（同法では名称独占とされています。）などの論点が、約20年の時を経てまとまって成立に至ったのだと思います。令和5年（2023年）3月

＊49：精神保健福祉士法の制定（平成9年）の項（26頁以降）参照。

末時点で約7万人の方が登録されています。昔、心理士の方に、私の性格をズバズバ当てられてビックリしたことがあります。子どもの学校の関係でもスクールカウンセラーの方の活躍の場面は増えていると感じています。

●発達障害者支援法

障害者に関する法律については、内閣が提出するいわゆる閣法だけではなく、議員が提出するいわゆる議員立法により制定されているものも多くあるのが特徴です。

まず、平成16年（２００４年）に制定された、発達障害者支援法です。当時、発達障害については、障害としての認識が必ずしも一般的ではなく、その発見や適切な対応が遅れがちであり、専門的な支援を充実させていくことが求められていました。同法は、発達障害の早期発見、発達支援について国及び地方公共団体の責務を定めるとともに、学校教育等での支援、都道府県での発達障害者支援センターの指定等について規定するものです。

発達障害者支援法ができて、一番変わったことは、発達障害についての認識が国民に対して広がったことではないでしょうか。ちょっと生きづらさを感じていた方が、発達障害があることが分かって楽になったという話を聞きます。また、子どもについても、発達障害があるのではないかということで、専門機関を利用しようという親の気持ちは大きく増えたと思っています。制度改正とあいまって、障害児支援を受ける者が4倍以上に増えたことにつながっていると思います。認識が広がったことで支援も増えており、法律により世の中がいいほうに動いた好事例ではないかと認識しています。

同法では、発達障害は、自閉症、アスペルガー症候群その他の広汎性発達障害、学習障害、注意欠陥多動性障害その他これに類する脳機能の障害であってその症状が通常低年齢において発現するものとして政令で定めるもの、とされています。

障害者総合支援法の障害者の定義では、「身体障害者、知的障害者、精神障害者（発達障害者を含み、知的障害者を除く。）、難病等の者」とされており、発達障害者は精神障害者の一部という整理になっています。知的障害を伴わない場合は、発達障害児・者には精神障害者保健福祉手帳が交付されます。療育手帳ではないことに注意が必要です。

●医療的ケア児支援法

個別障害についての議員立法の例としては、令和3年（2021年）に制定された医療的ケア児及びその家族に対する支援に関する法律（医療的ケア児支援法）があります。この法律の目的は、医療的ケア児の支援を充実することなのですが、その特徴は、純粋な障害児福祉というよりは、保育所や学校で医療的ケア児を受け入れることを重視している点にあります。当時私は保育課長で、実際に医療的ケア児を受け入れている保育所を視察に行きましたが、確かに障害のない子どもの中に溶け込んで遊んでいる姿を見て、保育所等での受け入れを進めていくべきと思いました。また、同法では、都道府県に医療的ケア児支援センターを設置することとされており、地域での相談や連携の充実を図っていくこととしています。

●身体障害者補助犬法

身体障害者補助犬法も、平成14年（２００２年）に制定された議員立法です。補助犬とは、盲導犬、介助犬、聴導犬であり、その訓練を行う機関等を定めるとともに、施設等への身体障害者補助犬の同伴について定めています。通常の犬とは異なり、訓練されていますし、補助犬の衛生の確保等も定められており、厚生労働省としても、公共施設をはじめ、飲食店、病院、宿泊施設等での受け入れが義務であることなどの周知に努めています。令和4年（２０２２年）10月時点の実働頭数は、盲導犬が８４８頭、介助犬が53頭、聴導犬が58頭となっています。科学技術が進めばロボット等に置き換わるのかもしれませんが、まだまだ補助犬を利用している方が困らないように、理解と周知を広げていく必要があると思います。

●障害者文化芸術推進法

平成30年（２０１８年）に制定された議員立法に、障害者文化芸術推進法があります。文化芸術活動を通じた障害者の個性と能力の発揮及び社会参加の促進を図ることを目的としています。議員連盟の会長は、衛藤晟一議員でした。文化庁と厚生労働省の共管で、令和5年3月に同法に基づく基本計画の見直しが行われています。

障害者の芸術では、アール・ブリュット（生の芸術、伝統や流行・教育などに左右されない芸術、などと言われます。）が有名ですし、静岡のねむの木学園も活動に力を入れていて、見学に行った時に見入ってしまいました。Ａ型事業所（＝雇用）として行われている長崎の南高愛隣会の瑞宝太鼓もほんとに迫力があります。厚生労働省が行っている共生社会フォーラムでも会の最初に現地の障害者による表現活動が行われるのですが、いつも会場が大変盛り上がっています。

●障害者スポーツ

文化芸術と言えば、スポーツですが、もともとは障害者スポーツは厚生労働省障害保健福祉部で所管していました。パラリンピックも所管していたので、東京パラリンピックで担当室長になるという夢があったのですが、私が田村憲久厚生労働大臣の秘書官であった際に、大臣どうしの話し合いもあり、障害者スポーツも一般スポーツと同様に文部科学省で所管することになり、夢はかないませんでした。

コロナ禍で無観客となってしまい残念でしたが、テレビでも東京パラリンピックの各競技での日本選手の活躍に見入ってしまいました。スポーツ庁の下で、選手の強化等にも力が入れられています。

●障害者虐待防止法

障害者虐待の防止、障害者の養護者に対する支援等に関する法律（障害者虐待防止法）も、平成

23年（2011年）に制定された議員立法です。ちなみに、高齢者虐待の防止、高齢者の養護者に対する支援等に関する法律（高齢者虐待防止法）（平成17年（2005年）制定）も、児童虐待の防止等に関する法律（児童虐待防止法）（平成12年（2000年）制定）も、議員立法でした。国や地方公共団体、障害者福祉施設従事者等、使用者などに障害者虐待の防止等のための責務を課すとともに、障害者虐待を受けたと思われる障害者を発見した者に対する通報義務を課すなどしています。毎年、養護者、施設従事者、使用者による虐待に関する相談・通報の件数、虐待認定の件数を公表しています。虐待されても声をあげられない障害者もいますので、その防止の取組は引き続き重要となっています。

●障害者情報アクセシビリティ・コミュニケーション施策推進法

最近の議員立法では、令和4年（2022年）に制定された障害者による情報の取得及び利用並びに意思疎通に係る施策の推進に関する法律、いわゆる「障害者情報アクセシビリティ・コミュニケーション施策推進法」があります。障害者による情報の取得利用・意思疎通に係る施策を総合的に推進することで、共生社会の実現に資することを目的として、以下の四つの基本理念等が定められています。

(1) 障害の種類・程度に応じた手段を選択できるようにする。
(2) 日常生活・社会生活を営んでいる地域にかかわらず等しく情報取得等ができるようにする。

(3)　障害者でない者と同一内容の情報を同一時点において取得できるようにする。
(4)　高度情報通信ネットワークの利用・情報通信技術の活用を通じて行う（デジタル社会）。

●ハート購入法、読書バリアフリー法

国等による障害者就労施設等からの物品等の調達の推進等に関する法律（ハート購入法）も、平成24年（２０１２年）に制定された議員立法です。視覚障害者等の読書環境の整備の推進に関する法律（読書バリアフリー法）も、令和元年（２０１９年）に制定された議員立法です。ほんとに議員立法が多いですね。

障害者福祉というのは、国会議員にとっても、力を入れられている分野であると改めて認識しています。超党派での活動が多いことも特徴だと思います。熱心な議員先生が多い分、我々障害保健福祉部への要望も多くあります。それは、障害者支援を少しでも進めようという大きな力だと思いますので、引き続き、力を合わせて前に進んでいければと思っています。

●特別児童扶養手当等

このほか、障害保健福祉部で所管している法律として、特別児童扶養手当等の支給に関する法律があります。特別児童扶養手当は、障害のある20歳未満の児童を養育している方に対する手当です。申請は市町村ですが、支払いは厚生労働省（企画課）が直接行っています。障害児福祉サービスを利用される方も増えていますが、同手当の受給者も増えている状況にあります。さらに、重度の障

害児には障害児福祉手当が支給されます。令和3年（2021年）度末の支給対象児童数は、特別児童扶養手当は約28万人、障害児福祉手当が約6万人となっています。障害者の所得保障は、20歳になると、障害年金となります。令和3年度末の障害年金受給者数は約220万人となっています。福祉サービスも重要ですが、こうした所得保障も、障害者が地域で暮らしていく上ではなくてはならないものです。

●医療観察法

また、精神・障害保健課では、心神喪失等の状態で重大な他害行為を行った者の医療及び観察等に関する法律、いわゆる「医療観察法」を法務省と共管しています。心神喪失又は心神耗弱の状態で重大な他害行為を行い、不起訴処分となるか無罪等が確定した人に対して、検察官が地方裁判所に申立てを行い、審判の結果、医療観察法の入院による医療の決定を受けた人に対しては、厚生労働大臣が指定した医療機関において専門的な医療の提供が行われます。平成15年（2003年）にできた法律ですが、罪に問えなかった者を入院させるという、非常に重い法律であると思います。

実際に、医療観察法に基づく病棟を視察に行ったときに思ったのが、人員配置が手厚い、ということです。社会復帰に向けた支援も行われています。色々と考えさせられたことを思い出します。

●障害者基本法

内閣府所管の法律ですが、障害者に関する法律として、障害者基本法があります。昭和45年（1

970年）に心身障害者対策基本法として制定され、平成5年（1993年）に障害者基本法へ改正、その後平成16年（2004年）、平成23年（2011年）に改正され、現在に至ります。法律の目的は、「全ての国民が、障害の有無にかかわらず、等しく基本的人権を享有するかけがえのない個人として尊重されるものであるとの理念にのつとり、全ての国民が、障害の有無によつて分け隔てられることなく、相互に人格と個性を尊重し合いながら共生する社会を実現するため、障害者の自立及び社会参加の支援等のための施策に関し、基本原則を定め、及び国、地方公共団体等の責務を明らかにするとともに、障害者の自立及び社会参加の支援等のための施策の基本となる事項を定めること等により、障害者の自立及び社会参加の支援等のための施策を総合的かつ計画的に推進すること」とされています。

障害者基本法では、第4条第1項で、「何人も、障害者に対して、障害を理由として、差別することその他の権利利益を侵害する行為をしてはならない」ことを定めるとともに、第2項で、「社会的障壁の除去」は、それを必要としている障害者が現に存し、かつ、その実施に伴う負担が過重でないときは、それを怠ることによつて前項の規定に違反することとならないよう、その実施について必要かつ「合理的な配慮」がされなければならない、と定めています。また、12月3日から9日までを「障害者週間」と定めるとともに、政府が「障害者基本計画」を、地方自治体が「障害者計画」を定めること、障害者の自立及び社会参加の支援等のための基本的施策（医療、介護、年金、教育、療育、職業相談、雇用の促進、住宅の確保、公共的施設のバリアフリー化、情報の利用におけるバリアフリー化、相談、経済的負担の軽減、文化的諸条件の整備、防災・防犯、消費者としての障害者の保護、選挙・司法手続きにおける配慮、国際協力等)、そして内閣に障害者政策委員会を置くこと等を定めています。

●障害者差別解消法

もう一つ、内閣府所管の法律で重要なのが、障害を理由とする差別の解消の推進に関する法律(障害者差別解消法)です。平成25年(2013年)に制定され、平成28年(2016年)から施行されています。国の行政機関や地方公共団体、会社や店舗などの民間事業者は、「障害者への不当な差別的取扱い」が禁止されます。また、障害のある方や介助者等から、配慮を求める意思表明があった場合は、負担になり過ぎない範囲で「合理的配慮」を行わなければなりません。

令和3年(2021年)に成立した改正法により、令和6年(2024年)4月から民間事業者についても「合理的配慮」が努力義務から義務となっています。合理的配慮とは、様々な場面で、事業所に対して障害者から何らかの配慮を求められた場合、事業所側は過重な負担がない範囲で、社会的障壁を取り除く配慮を行わなくてはならないということです。

また、合理的配慮により個別に対応を行う前に、「環境の整備」として、例えば段差をなくすなどのバリアフリー化等を進めていくことも重要です。こうした取組は、障害者だけではなく、誰もが暮らしやすい(ユニバーサルデザインと言います。)社会作りにもつながる、重要な取組だと思います。

コラム21▼ユニバーサルデザイン

最初から誰もが利用しやすく、暮らしやすい社会となるよう、まちや建物、もの、仕組み、サービスなどをつくっていくことです。私が出向していた熊本県では、ユニバーサルデザインを推進していて、例えば、県庁の車椅子用のトイレは、男女共用ではなく、男子トイレ、女子トイレの中にそれぞれ車椅子でも入れる個室を設けていました。

ただ、障害者の中には、異性の家族の介助をするために共用トイレのほうがいいという場合もあるとのことで、高速道路のサービスエリアのように、車椅子の方が、男性トイレ、女性トイレ、共用トイレ、いずれも使えるというのが一番いいようです。

また、よく、車椅子の方のために、傾きをつけた鏡をつけているトイレがあるのですが、巨大な鏡にしてもらえれば、子どもも、車椅子の方も、私のような大男も、皆が見やすい鏡になります。それがユニバーサルデザインです。

●障害者権利条約

障害者の権利に関する条約（以下「障害者権利条約」と略します。）については、我が国では平成26年（２０１４年）から発効しています。この条約の主な内容としては、外務省ホームページによれば、

(1)　一般原則（障害者の尊厳、自律及び自立の尊重、無差別、社会への完全かつ効果的な参加及び包容等）、

(2)　一般的義務（合理的配慮の実施を怠ることを含め、障害に基づくいかなる差別もなしに、すべての障害者のあらゆる人権及び基本的自由を完全に実現することを確保し、及び促進すること等）、

(3)　障害者の権利実現のための措置（身体の自由、拷問の禁止、表現の自由等の自由権的権利及び教育、労働等の社会権的権利について締約国がとるべき措置等を規定。社会権的権利の実現については漸進的に達成することを許容）、

(4)　条約の実施のための仕組み（条約の実施及び監視のための国内の枠組みの設置。障害者の権利に関する委員会における各締約国からの報告の検討）、

となっています。

令和4年（2022年）9月には、ジュネーブにおいて8月に行われた第1回政府報告審査を踏まえた障害者権利委員会の総括所見が公表されています。主な勧告事項として、障害者の脱施設化及び自立生活支援、インクルーシブ教育の確保、非自発的入院及び治療の廃止等があげられています。障害者施設や特別支援学校、非自発的入院を直ちに廃止することは困難と考えられますが、地域移行・地域生活の支援、インクルーシブを進めていかなければならないことは間違いありません、もっと早く、しっかりとやれ、ということを強く強く言われているのだと思います。障害者権

利委員会の総括所見は法的拘束力を有するものではありませんが、厚生労働省としては、総括所見の趣旨等も踏まえながら、引き続き、障害者福祉施策の充実に取り組んでいくこととしています。

第3章

令和4年改正法

法改正の経緯

●令和4年改正法までの経緯

ここまで、障害者福祉の法律の歴史、現状について、書いてまいりました。ここからは、直近の令和4年改正法について、書いていこうと思っています。

といいつつ、どうしても、今回の改正法に至る経緯から、書かなければと思ってしまいます。歴史編（第1章）と重なるところがあるのですが、ご容赦下さい。

我が国の障害者福祉の大きな流れは、戦後の身体障害者支援から始まり、知的障害者の親なき後のため昭和40年代に入所施設を増やして保護をしてきたという歴史から、ノーマライゼーションの考え方が輸入され、障害者も施設ではなくできるだけ地域で暮らし、保護を受けるだけでなくできるだけ働くのだという思想・哲学にシフトしているということです。

平成に入ってからは、医療の対象とされてきた精神障害者も福祉の対象とされ、平成8年（1996年）に厚生省でも身体障害者、知的障害者、精神障害者で3局に分かれていたものが、障害保健福祉部として一つになりました。平成7年（1995年）からは障害者プランで基盤整備を図り、制度面では平成15年（2003年）から利用者本位の支援費制度、そして平成18年（2006年）からは三障害共通の障害者自立支援法へと進化してきました。

障害者自立支援法のポイントは、三障害共通の制度であるというほか、国の費用負担が義務的経費になったこと、これにより、予算の範囲内ではなく、必要な費用は必ず国が負担することになりましたので、特に精神障害者と障害児の利用が増え、予算額は３倍に増えることになります。

同時に、「地域で暮らし、できるだけ働く」、という観点から、入所施設についても昼夜分離の制度とし、就労移行支援の創設など就労支援サービスも再編し、地域で自立して暮らすことを目指した制度設計となっています。

その後、民主党政権の時代をはさみ、法律は障害者総合支援法へと変わりましたが、「地域で暮らし、できるだけ働く」という考え方自体は引き続き重視され、相談支援や地域移行支援の充実等が行われます。

平成30年（２０１８年）にも法改正が行われ、今回はその施行３年後の見直しによる法改正となります。予算額が３倍に増え、障害者の地域生活を支える制度が整ってきている中での見直しになりますが、結果として、「地域で暮らし、できるだけ働く」という考え方をさらに進めるための改正となっています。

●社会保障審議会障害者部会での検討

検討の場の中心は、社会保障審議会障害者部会（部会長：菊池馨実早稲田大学法学学術院教授）です。令和３年（２０２１年）３月から３年後見直しの検討を開始して、まずは計46団体から５回に分けてヒアリングが行われます。その後は各論点ごとに議論が行われ、同年12月に、「中間整理」

が行われます。

私は同年9月に企画課長として着任したのですが、ここで、障害児支援の見直しと、障害者施策の見直しを切り離し、障害児支援の見直しは令和4年（2022年）の通常国会で他の児童福祉法の見直しとあわせて行うこととされ、障害者施策については、中間整理の後も、さらに議論を続けることとされました。

令和3年12月の時点では、障害者施策の見直しについては、議論がまだ十分でなかったと思われたことに加えて、令和3年の秋から、精神保健福祉法を見直すための検討会や、障害者雇用対策法を見直すための労働政策審議会での議論が開始されていたことを踏まえて、それぞれの検討を令和4年6月までにまとめることが目標とされました。

これらの見直しは、それぞれ相互に関連するものでもあり、法案についても、これらの改正を一体のものとして検討することとされました。

障害者部会は、ヒアリングを除いて、令和3年3月から令和4年6月の報告書の取りまとめまで計22回開催されました。コロナ禍のためオンラインを活用しての議論でしたが、各論点について時間をかけて議論されましたので、報告書は90ページを超える「大作」となっています[*50]。

この報告書の中には、令和3年10月から開催された「地域で安心して暮らせる精神保健医療福祉体制の実現に向けた検討会」（以下「精神検討会」と略します。）での検討の結果[*51]も含まれています。

コラム22▼仕事は結婚式の準備のように

元事務次官であった上司に、結婚式の準備のように仕事しろ、とよく言われました。何かが起きてから、どうしよう、どうしよう、とバタバタと仕事するのではなく、いつが結婚式として適当な日取りだから、逆算していついつまでにこれをして、さらにこの時期にはまずこれをしておく、のように、1～2年先まで見据えて、仕事の仕方を考えろ、という意味です。厚生労働省は、審議しなければならない法案がたくさんありますので、障害者総合支援法の改正はいつの国会を目指すのか、であるならばいつまでに議論をまとめるべきか、であるならば今はここまでまとめておかなければ、のように考えながらスケジュールを組みました。

●障害者雇用についての検討

障害者雇用に関しては、令和３年（２０２１年）11月から、労働政策審議会障害者雇用分科会で議論が進められました。令和４年（２０２２年）６月に意見書が取りまとめられています[*52]。

＊50：関心がある方はこちらを参照下さい。厚生労働省ホームページ https://www.mhlw.go.jp/content/12601000/000950635.pdf

＊51：同検討会による報告書も令和４年６月９日付けで公表されています。厚生労働省ホームページ https://www.mhlw.go.jp/content/12200000/000949216.pdf

＊52：関心がある方はこちらを参照下さい。厚生労働省ホームページ https://www.mhlw.go.jp/content/11704000/000952801.pdf

障害者福祉施策（障害保健福祉部所管）と障害者雇用施策（職業安定局障害者雇用対策課所管）の連携はとても重要です。審議会での議論に先立ち、令和２年（２０２０年）11月から、「障害者雇用・福祉施策の連携強化に関する検討会」が開催され、令和３年６月に報告書がまとめられています[*53]。この議論をもとに、社会保障審議会と労働政策審議会それぞれの場で、お互いの議論の状況も共有しながら、検討が進められました。

●難病法・小児慢性特定疾病に係る児童福祉法についての検討

また、今回の改正法には、難病法、小児慢性特定疾病に関する児童福祉法の見直しが含まれています。難病法[*54]は、平成27年（２０１５年）１月に施行された新しい法律で、同年に小児慢性特定疾病[*55]も児童福祉法に位置づけられています。その５年後見直しについて厚生科学審議会疾病対策部会の難病対策委員会と、社会保障審議会児童部会小児慢性特定疾患児への支援の在り方に関する専門委員会で議論がなされ、令和３年（２０２１年）７月に意見書が取りまとめられていました[*56]。

難病等の者は、障害者総合支援法への改正に伴い、障害者総合支援法の支援の対象者に位置づけられていますし、今回の改正では、データベースの構築について、障害者、障害児、難病患者、小児慢性特定疾病児童について共通の改正が行われますので、一つの改正法として取りまとめています。

●束ね法案に

今回の改正法は、障害者総合支援法、精神保健福祉法、障害者の雇用の促進等に関する法律（以下「障害者雇用促進法」と略します。）、難病法、児童福祉法に加え、後述の住所地特例の見直しの関係で身体障害者福祉法、知的障害者福祉法等の8本の法律を改正する法律となっています。附則にはその他の法律の改正も含まれています。

いわゆる法案の5点セット（要綱、案文、理由、新旧、参照条文）もそこそこ分厚いものになっ

＊53：関心がある方はこちらを参照下さい。厚生労働省ホームページ https://www.mhlw.go.jp/content/12203000/000789575.pdf

＊54：正式名称は「難病の患者に対する医療等に関する法律」です。難病（発病の機構が明らかでなく、かつ、治療方法が確立していない希少な疾病であって、当該疾病にかかることにより長期にわたり療養を必要とすることとなるもの、とされています。）の患者に対する医療その他難病に関する施策に関し必要な事項が定められています。

＊55：小児慢性特定疾病とは、児童又は児童以外の満20歳に満たない者が当該疾病にかかっていることにより、長期にわたり療養を必要とし、及びその生命に危険が及ぶおそれがあるものであって、療養のために多額の費用を要するものとして厚生労働大臣が社会保障審議会の意見を聴いて定める疾病、とされています。児童福祉法において、医療費の助成や自立支援事業について定められています。

＊56：「難病・小慢対策の見直しに関する意見書」としてまとめられています。関心がある方はこちらを参照下さい。厚生労働省ホームページ https://www.mhlw.go.jp/content/10900000/000805892.pdf

ていますが、それぞれの検討の場で必要とされたものをまとめた改正法となっていますし、関係する国会議員等に説明に回っていても、大切な法案ですねと言われることが多い法案となりました。

●与党での検討

法案の提出に向けては、特に与党の国会議員と共に検討・議論を進めていくことが大切です。自民党には障害児者問題調査会（当時は田村憲久調査会長）、公明党には障がい者福祉委員会（三浦信祐委員長）が設けられており、それぞれ、令和3年（2021年）12月の社会保障審議会障害者部会の中間整理の前に意見をいただくとともに、令和4年（2022年）2月には関係団体からのヒアリングも実施され、令和4年6月の精神検討会、障害者部会、障害者雇用分科会の取りまとめ前にも2回開催され意見をいただきました。法案の検討に向けても8月末にそれぞれの会が開催され、そうした場でいただいたご意見を踏まえて法案を作成し、9月末にそれぞれ厚生労働部会との合同会議で法案について了解をいただき、法案の提出に至るというプロセスを経ています。

法案の提出に向けての最後の関門が、自民党の場合は政調審査会、総務会になります。

高校の教科書的に言えば、日本は議院内閣制、内閣の基盤が国会にあり、内閣と与党は一体的です。内閣が法律案を出す時には、出す前に、与党、今で言えば自民党、公明党の了解を得ることが必要になるのです。ですので、法案といっても、まずは提出するまでに、与党内で揉まれることになります。

自民党で言えば、政策分野ごとに政調（政務調査会）の部会があり、厚生労働省の提出法案は厚生労働部会でまず審査されます。これとは別に、特に障害者関係については障害児者問題調査会という組織があり、ここで団体ヒアリングが行われたり、厚生労働部会と合同で議論が行われたりします。

厚生労働部会への参加議員は、当然厚生労働分野への関心が高い議員ですから、法案については、かなり早い段階から、関係議員と調整していきます。関係議員には部長や課長等で手分けして説明に回り、厚生労働部会で了承を得られることを目指します。

そして、政調審査会、総務会での審査へと進みます。ここでは、政策全体の視点でチェックがなされます。厚生労働分野に特に関心がある議員以外の議員もメンバーとなっているので、こちらも部長や課長等で手分けして事前に説明して、調整を行います。

特に、総務会は、一人でも反対すれば通らないという最後の関門です。いわゆる重鎮の方が多いので、緊張しながら事前説明に回ります。

●タコ部屋での法案作成作業

法律案を作成する場合、条文案等の作成に集中して作業をするメンバーのために、通称「タコ部屋」という別室をつくります[*57]。今回は、私の席の横のスペース等を、タコ部屋として使わせて

＊57：「タコ部屋」については61頁の注釈（＊31）を参照。

いただきました。

法律案については、内閣法制局という機関が審査を行います。違憲立法になっていないかをはじめ、正しい改正案になっているか、形式面も含め、厳しい審査が行われます。私の同期も内閣法制局参事官をされていましたが、頭の下がる大変な仕事です。

●法律案はチームプレー

法律案のもとになるのは、もちろん、制度をどのように変えていくのかという政策案です。政策案は、現場の声などを踏まえ、それぞれの担当のラインで検討して、審議会で議論してもらって、関係者とも調整をして、つくりあげられていきます。

イメージとしては、課長補佐や専門官が、その政策づくりの中心となります。課長補佐等を中心に政策をつくっていき、主に係長以下の企画法令係がタコ部屋で条文をつくり、課長、部長は関係団体、そして国会議員への説明と外周りを行う。法律案の作成は、まさにチームプレーで、それぞれがそれぞれの役割を果たして、やっと実現に至るものです。

●法律案の作成は楽しい仕事

個人的には、法律案にかかわるということは、私はとても大好きです。一つの方向に向かってチームプレーで仕事をします。また、法律案をつくるのは予算案と並び、官庁職員の仕事の面白いところだと思っています。

法律案にかかわることは、そんなに機会が多い訳でもありません。私は、係員の時にらい予防法の廃止に関する法律、精神保健福祉士法の制定、課長補佐の時に金融庁での保険業法の改正法、平成24年（２０１２年）施行の障害者自立支援法・児童福祉法の改正法、そして今回の令和４年改正法くらいですから、27年間で５回です。

私はよく若い職員に、５年に１回、大きな仕事をしよう、と話すのですが、ほんとにそんな感じです。

●国会審議の調整

法案は、閣議決定されると、国会に提出されるのですが、今回の法案については、参議院から先に審議することも考えられていました。同じ国会で感染症法改正法も審議されるので、参議院で先に審議できれば、その分審議時間が確保できることになります（そうした調整のために、令和４年（２０２２年）の10月に入ってからは部長以下走り回っていました）。結果として、今回の法案は、通常どおり衆議院から審議されることになりましたが、なんとか臨時国会の会期ギリギリで成立しました（一所懸命走り回ったことも無駄ではなかったと思っています）。

よく、「国対」（国会対策委員会）という言葉を聞かれることがあると思うのですが、国会運営について、与野党の調整が非常に重いものになっているのです。

●当事者の方の声が一番大事

障害者福祉で制度を考えていく上では、障害のある当事者の方の声が一番大事です。「私たちのことは、私たち抜きで決めないで」（Nothing About Us Without Us）は当然のことです。これまでの障害者福祉は、障害のある当事者の方の運動を含めて、当事者の方がつくってきたものですし、障害のある方の親の思い、力でつくられてきたものでもあります。審議会でも、与党での検討でも、ヒアリングなどを含め、当事者の方の意見が重要となっています。

国連の障害者権利委員会の対日審査の場にも、多くの障害のある当事者の方がジュネーブまで行って参加されていました。最後に法律案を書いたりするのは我々ですが、それは、障害のある方やその家族、そして福祉現場を支えていただいている方々の思いに応えるものでなければなりません。

改正法の内容

●六つの柱

それでは、改正法の内容を紹介していきましょう。以下の六つの柱立てとなっています。一部を除いて令和6年4月から施行されます。

(1)　障害者等の地域生活の支援体制の充実

(2)　障害者の多様な就労ニーズに対する支援及び障害者雇用の質の向上の推進
(3)　精神障害者の希望やニーズに応じた支援体制の整備
(4)　難病患者及び小児慢性特定疾病児童に対する適切な医療の充実及び療養生活支援の強化
(5)　障害者福祉サービス等、指定難病及び小児慢性特定疾病についてのデータベースに関する規定の整備
(6)　その他

障害者等の地域生活の支援体制の充実

●共同生活援助の支援の充実

一つ目は、障害者等の地域生活の支援体制の充実です。

歴史編（第1章）でも書いたように、施設での保護から、地域での支援へと大きな転換を図ってきている中で、これまでの法改正でも、平成24年（２０１２年）施行の改正法で相談支援の充実や地域移行支援の創設などを行い、直近の平成30年（２０１８年）施行の改正法でも自立生活援助というサービスを新設しています。

今回の改正では、共同生活援助（グループホーム）の支援内容として、一人暮らし等を希望する者に対する支援や退去後の相談等が含まれることを、法律上明確化することとしています。

グループホームは、共同生活を営む住居において相談や介護等の日常生活上の援助を行うものです。もともとは、働けるような障害者を対象に職員も世話人さんだけでしたが、今では施設や病院からの受け皿になっており、かなり重度の者も対象としているとともに、利用者についても施設入所者数を逆転して約17万人が利用しています。

もちろん、グループホームでの生活の継続を希望する方や、親なき後の終の棲家的に利用される方もいます。一方で、アパートなどでの一人暮らし等を希望し、生活上の支援があれば一人暮らし等ができる方もいますので、今回、グループホームの業務として、希望する者に対して一人暮らし等に向けた支援が含まれることを法律上明記することとしています。

具体的には、一人暮らし等に向けた調理や掃除等の家事支援、買い物等の同行、金銭や服薬の管理支援、住宅確保支援などを行うとともに、グループホームを退去した後も一定期間相談支援等を行います。

こうした支援について、報酬上どのように評価していくかについては、令和6年（2024年）4月の法施行、報酬改定に向けて、検討していくこととしています。その際、一人暮らし等を希望する者だけを対象とした新たなグループホームの類型（通過型のグループホーム）をつくるかどうかについても、検討していくこととしています。通過型のグループホームは、東京都などが独自に実施しています。例えば精神科病院の退院者など利用者がコンスタントに見込まれる場合には事業運営のイメージができますが、実際にどのような事業運営になるのかを含め、先駆事例等を調べながら検討していくこととされています。

グループホームを利用している方の約４割が一人暮らし等を希望しているという調査結果があります。一方で、一人暮らしをするには、支援を受けながら基本的には自立して生活をするとともに、家賃についても恒久的に支払っていけることが必要になります。

とても悩ましい問題だと思うのですが、例えば、知的障害者であっても、24時間マンツーマンで支援者がつけば一人暮らしは可能だと思います。一方で、うちの兄などを見ていると、グループホームで皆と一緒に暮らし、何かあった時は支援が受けられ、個室で安定して暮らせていますので、いいなあと思います（弟の私よりもきれいな部屋で暮らしています）。グループホームで、家庭的な雰囲気の中で暮らせるというのは、引き続き障害者の居住の柱になるものと思います。

グループホームについては、一方で、重度の者、医療的ケアが必要な者も入居するようになっています。強度行動障害の者についても、個別により適した環境にできるグループホームで支援するという例が出てきています。法改正ではないですが、令和６年度の報酬改定等において、こうした重度の者、医療的なケアが必要な者についての支援のあり方についても検討していくことが求められています。

こうした者を対象にしていくと、グループホームがミニ施設のようだ、という言われ方もします。個人的には、施設の大きさではなく、それぞれの障害者がどのような環境で支援されているのかが重要だと思っています。

●基幹相談支援センターの整備の努力義務化

地域生活支援の2点目は、地域の相談支援の中核的役割を担う基幹相談支援センターの整備の市町村の努力義務化です。

基幹相談支援センターは、相談支援に関する業務を総合的に行うことを目的とする施設として平成24年（2012年）から法律で位置づけられていますが、設置市町村は半数程度にとどまっています。今回の改正で、基幹相談支援センターについて地域の相談支援の中核的基幹としての役割・機能の強化を図るとともに、その設置に関する市町村の努力義務を設けることとしています。

複数の市町村が共同設置することも可能ですし、都道府県により市町村に対して広域的な支援も行うこととしています。

●地域生活支援拠点等の法定化

地域生活支援の3点目は、地域生活支援拠点等の法定化と整備の市町村の努力義務化です。

地域生活支援拠点等は、施設からの退所者や親なき後に地域で障害者が生活していく上で必要になる、緊急時の相談・対応や地域移行の体験の機会・場の提供等を行うもので、予算や報酬上に位置づけて平成27年（2015年）から推進してきました。こちらも半数程度の市町村に設置されていますが、今回、法律上に位置づけるとともに、市町村に整備の努力義務を設けることで、さらに整備を進めていこうというものです。

例えば、施設であれば、何かあればすぐに職員の方がかけつけてくれます。それを、地域においても、地域生活支援拠点等の職員が携帯電話を持っていて、夜間でも相談に応じたり、必要に応じてかけつけたり、また、障害者の調子が悪い時には一時的にショートステイを利用して支援するなどにより、何かあった時に助けがあれば施設ではなく地域で暮らせるという障害者の地域生活を支えていこうというものです。

●地域の協議会

地域生活支援の４点目は、地域の協議会です。今回、地域の協議会で障害者の個々の事例を情報共有することを法律上明記して、地域の課題を把握し地域の支援体制の整備に向けて協議する場としていくこととしています。協議会の参加者に対する守秘義務や関係機関による協議会への情報提供に関する努力義務も設けます。

協議会は、ほとんどの地方自治体にすでに設置されていて、地域の事業者や当事者等から構成されています。障害福祉計画を定める場合には協議会の意見を聴くよう努めることとされています。一方で、協議会がどれだけ活発に行われているのかは、地域による差があるようです。年に１回形式的に行うというのではなく、せっかくの機関なので、具体的事例も含めて課題を共有し、地域づくりに生かしていけるようにしていくべきと考えられます。

●市町村における精神保健相談の充実

地域生活支援の5点目は、市町村における精神保健に関する相談支援の充実です。これまで、精神保健に関する相談支援は都道府県（保健所）が主になってきていますが、市町村が福祉の主体となっている中で、ひきこもりや虐待等への対応を含めて、市町村でも精神保健に関する相談支援を行っていく必要があり、今回、法律等で、市町村における精神保健に関する相談支援を充実していくこととしています。

また、精神障害者についても地域包括ケアの考え方が重要であることから、精神保健福祉法上、精神障害者等の心身の状態に応じた適切な支援の包括的な確保を旨とすることを明確化することとしています。市町村の保健師さんが、地域の福祉事業者等と連携しながら、精神障害者や精神保健に関する課題を抱える者を支えていけるような体制づくりを目指しています。

障害者の多様な就労ニーズに対する支援及び障害者雇用の質の向上の推進

●就労選択支援の創設

今回の法案の二つ目の柱が、障害者の就労支援、雇用対策です。

現在、就労系の障害者福祉サービスを利用している者が約40万人、民間企業等に雇用されている障害者が約60万人です。就労系障害者福祉サービスから一般就労への移行は年約2万人、特別支援学校の卒業者約2万人のうち、三分の一が民間企業等への就職、三分の一が就労系障害者福祉サービス、三分の一がその他の福祉サービスの利用、というイメージです。

改正の第1が、障害者本人が就労先・働き方についてよりよい選択ができるよう、就労アセスメントの手法を活用して、本人の希望、就労能力や適性等に合った選択を支援する新たなサービス「就労選択支援」の創設です。

今でも、例えば就労継続支援B型を利用しようという場合には、運用上、暫定支給決定により就労移行支援事業所等によるアセスメントを行っていますが、全国的に、このアセスメントの専門性をあげて、より障害者の働き方や就労先の選択に資するような仕組みとしていくため、法律上、新たな給付サービスを位置づけるものです。就労能力や適性を客観的に評価するとともに、本人の強みや課題を明らかにして、就労に当たって必要な支援や配慮を整理し、本人と協同してアセスメント結果を作成し、就労系障害者福祉サービスの支給決定等において勘案していきます。一般就労する場合には、ハローワークは、アセスメント結果も参考にして職業指導等を実施することとされます。

今回の改正法は、基本的には報酬改定とあわせて令和6年（2024年）4月の施行としていますが、就労選択支援の創設については、一定の準備期間を考慮して、公布（令和4年12月16日）後3年以内の施行とされています。その間に、就労選択支援を行う人材確保・体制整備を図り、全国的に質の高い支援が行われるようにしていく必要があります。

現場を見ると、例えばA型事業所や一般企業での就労ができそうな者がB型事業所にいるなどの指摘があります。B型事業所（例えばパン屋さん）で、比較的就労能力が高い者が抜けていったら事業が回らないとか、障害者本人も一般就労にチャレンジするよりも福祉事業所のほうがいいと思うとか、いろいろ悩ましい事情もあります。何より、障害のない人であっても、自分の適性にあった仕事を選ぶ、出会うというのは、なかなか難しいこともあります。しかしながら、「自分の能力を発揮して、誰かにありがとうと言われる」ことは、誰にとっても喜びです。この新しい仕組みが機能していけばと思っています。

●就労系障害者福祉サービスの一時利用

改正の第2が、就労中の就労系障害者福祉サービスの一時利用です。

企業等での働き始めに勤務時間を段階的に増やしていく場合や、休職から復職を目指す場合に、その障害者は一般就労中であっても、就労系障害者福祉サービスを利用できることを法令上位置づけます。

現行法では、一般就労が困難な者が就労系障害者福祉サービスの対象者とされていますので、これを改正し、例えば、企業等での働き始めに、引き続き就労系障害者福祉サービスを利用して相談したり、徐々に一般就労に慣れていったりすることにより、円滑に一般就労に移行できるようにしていくことが考えられます。

今回、障害者福祉を担う障害保健福祉部と障害者雇用を担う職業安定局とが連携して検討を進めてきており、この改正もその成果の一つです。

●雇用と福祉の連携強化

改正の第3が、雇用と福祉の連携強化です。障害者総合支援法上、一般就労への移行・定着支援をより一層推進するため、市町村や障害者福祉サービス事業者等の連携先として、障害者就業・生活支援センターを明示的に規定します。

現在の法体系では、日常生活、社会生活上の支援は福祉で、学校や職業生活上の支援は教育や雇用施策で、というのが原則的な考え方になっています。学校や企業には、障害者基本法上の「合理的な配慮」が求められ、教育や雇用施策でそれを支援していくというのが基本です。

一方で、障害者は一人です。障害者を支援する者には、連携をして支援していくことが求められるため、こうした考え方を法律上明確にしていこうというものです。

●福祉と雇用の一体的改正

今回は、障害者総合支援法と、障害者雇用促進法を、一体的に改正することとしています。障害者の福祉施策と雇用施策の連携はずっと課題でした。部局も障害保健福祉部と職業安定局とに分かれています。先に述べたように*58、令和2年（2020年）から連携に関する検討会が開催され、それぞれ社会保障審議会障害者部会と労働政策審議会障害者雇用分科会とでお互いに審議状況を紹介しながら議論を重ね、今回法改正も一体的に行うこととされたものです。

障害児・者施策については、今後、こども家庭庁、文部科学省、厚生労働省の障害保健福祉部と職業安定局、そして内閣府等が所管することになりますが、引き続き、縦割りに陥ることなく、連携して対応していくことが重要となっています。

●特定短時間労働者の実雇用率への算定

障害者雇用促進法の改正内容をご紹介します。

まず、週所定労働時間が10時間以上20時間未満の者についての実雇用率算定です。

我が国の障害者雇用は、雇用率制度と納付金制度が両輪で進展してきましたが、雇用率制度では、43・5人の従業員に対して1人（＝雇用率2・3％。法改正当時）の障害者を雇用することを求めています。この場合、各企業で雇用率に算定できるのは、職業的自立の考え方に立ち、通常の週所定労働時間40時間の半分である20時間以上の労働者となっています。

一方で、重度の身体障害者、重度の知的障害者、そして精神障害者については、長時間の勤務が難しい一方、週所定労働時間が20時間未満での雇用を希望する者がいます。今回、こうした週所定労働時間が特に短い（大臣告示で10時間以上20時間未満と規定）精神障害者、重度身体障害者及び重度知的障害者について、特例的な取扱いとして、事業主が雇用した場合に雇用率において算定できるようにします。

この改正により、長時間労働が難しい精神障害者や重度の障害者の雇用機会が拡大するとともに、事業主にとっても障害者雇用についての選択肢が広がることになります。

現在、20時間以上30時間未満働く重度の身体障害者、重度の知的障害者、精神障害者が雇用された場合、１とカウントされますが、10時間以上20時間未満働く者の場合は、０・５とカウントするよう省令で規定されています。特に短い労働時間の者も、慣れてくる等によりさらに働けるようになれば、雇用率としてもよりカウントできるようになるものです。

法定雇用率（法改正当時は２・３％）は、５年ごと、今回は令和５年（２０２３年）に見直され、段階的に２・７％に引き上げていくこととされており[*59]、その議論の前提として、今回の改正が成立していることが望ましかったものです。

●障害者雇用調整金の見直し、助成措置の強化

障害者雇用促進法のもう一つの改正内容が、障害者雇用調整金の見直し、助成措置の強化です。

雇用率制度では、法定雇用障害者数を未達成の企業（１００人超）は、不足一人当たり月額５万円の「納付金」が徴収されます。そして、達成企業（１００人超）は超過一人当たり月額２万７０

＊58：「障害者雇用についての検討」の項（１５５頁）参照。

＊59：令和５年度は２・３％に据え置き、令和６年（２０２４年）度から２・５％、令和８年（２０２６年）度から２・７％に引き上げられます。

00円の「調整金」が、達成企業（100人以下）は超過一人当たり月額2万1000円の「報奨金」が支給されます。さらに、障害者を雇用するための施設整備費用や定着に資する支援体制の構築等について「助成金」が支給される仕組みとなっています。

障害者雇用が進む中、雇用する障害者の数で評価する調整金や報奨金が支出の大部分を占めるようになっており、雇用の質の向上のための支援を行う助成金の支出が限られている状況になっていました。

このため、限られた財源を効果的に活用し、雇用の質の向上に向け、事業主による職場環境の整備や職場定着等の取組に対する支援を充実させるため、事業主が一定数（調整金は10人、報奨金は35人を予定）を超えて障害者を雇用する場合、超過人数分の単価を引き下げる一方、事業主の取組支援のため、助成金を新設、拡充することとしています。具体的には、雇入れや雇用継続を図るために必要な雇用管理に関する相談援助の支援や、加齢に伴い職場への適応が困難となった障害者への雇用継続の支援に対して、新たな助成金を創設することとしています。

あわせて、雇用の質の向上に向け、法律上、事業主の責務に、適当な雇用の場の提供や適正な雇用管理等に加え、職業能力の開発及び向上に関する措置を追加することとしています。

●就労におけるインクルージョン

障害者福祉と雇用の連携は、今後も課題です。

例えば、極論すれば、インクルージョンを貫くならば、福祉的就労の場は廃止し、その財源をもとに、一般企業への障害者の雇用を原則として支援員をつけて働けるようにする、ということも、かなり思い切った案ですが考えられます。一方で、教育の場面から、日本は特別支援教育が充実する分、一般の児童・生徒と別の場で障害児が学ぶことが増えています。インクルージョンの観点からは逆行していますが、直ちに大変革を行うことも難しいと思います。

まずは、できるところから、障害のある方が一般企業等で働く機会を増やしていくことが重要であり、今後とも、障害者福祉と雇用が連携して、よりインクルージョンな方向を目指していく必要があると思います。

精神障害者の希望やニーズに応じた支援体制の整備

●精神保健福祉法の改正

次に、精神保健福祉法の改正です。

先に述べた通り*60、精神検討会と社会保障審議会障害者部会での検討がもととなっています。

精神保健福祉法の改正については、平成29年（２０１７年）に国会で審議されましたが廃案になったという歴史があります。その前の改正法の成立が平成25年（２０１３年）ですから、およそ10年ぶりの精神保健福祉法の改正ということになります。

精神保健福祉の課題というのは、ずっと前から変わっていません。精神科病院に長期入院している者について、地域での受け皿づくりとあわせて、地域移行をいかに進めていくか、また、質の高い精神科医療をいかに確保していくか、ということが主な課題であり、今回も、こうした課題への対応が議論され、法改正が必要な事項は今回改正することとしているものです。

●医療保護入院の見直し

精神保健福祉法の改正の第1は、医療保護入院の見直しです。

精神科病院への入院は、大きく分けて、本人の意思で入院する任意入院（入院者数約13万人）、自傷他害のおそれがある時に行政の措置により入院する措置入院（約２０００人）、そして医療保護入院（約13万人）があります。医療保護入院は、入院治療が必要であるが本人自らが同意できる状況にない場合には、国が指定する精神保健指定医1名の判定と、家族の同意により、入院する制度です。精神疾患は症状の悪化により判断能力そのものが低下する場合があり、そうした場合にも入院治療へのアクセスを確保することが必要ですが、一方で、本人の同意によらない入院については、可能な限り少なく、短くしていくべきと考えられます。

●入院期間の設定

医療保護入院の見直しの第1が、法律上、入院期間を定めることです。具体的には、6か月以内で定めることとし、期間ごとに入院の要件（病状、本人同意ができないか、家族の同意）を確認し、入院の要件を満たすことが確認されれば更新をしていく仕組みとすることとしています。精神科病院には、今でも10年、15年という長期入院の方がいます。一方で、最近は、薬もよくなってきており9割以上の新規入院者が1年以内で退院しています。入院期間を定めることで、漫然と長期入院となることを防ぐとともに、治療についても目標を持って進めることにつながるものと考えられます。

●退院の支援

医療保護入院者の退院を促進するために、退院支援を行う相談員を選任する、地域の福祉等の関係機関を紹介する、退院支援委員会を設置するなどの支援が行われます。

一方で、今回の改正で、障害者の地域生活を支える基幹相談支援センターや地域生活支援拠点等の整備が促されるとともに、グループホームについても一人暮らしに向けた支援が充実されることになり、精神障害者の退院後の支援も充実されます。さらに、精神保健福祉法では、市町村の精神保健相談の充実も盛り込まれており、在宅精神障害者の保健と福祉の充実が一体的になされること

＊60：「社会保障審議会障害者部会での検討」の項（153頁）参照。

になります。

このように、今回の医療と福祉に関する改正は、政策面でつながっており、一体的に改正することとしたものです。

●市町村同意の見直し

医療保護入院については、家族がいない場合には、市町村長が同意することになります。実際には、市町村の障害福祉課の職員などが、家族の代わりに同意の手続きをすることになります。医療上の必要性については精神保健指定医が判定し、入院が必要な状況にあることを家族に代わり市町村長が同意するのです。今回の改正では、例えば家族がいる場合であっても、20年以上親交のない遠方の家族等のように、本人の利益を勘案して同意・不同意をすることが困難な時など、家族が意思表示を行わない場合も、市町村長が同意の可否を判断することとしています。

これにより、医療保護入院がいたずらに増えることにならないよう、病院は家族にしっかりとした説明をするとともに、市町村長も適正に同意事務を行うことが求められます。

●家族の役割

医療保護入院における、というよりも精神障害者の入院、生活における、家族の役割というものをどう考えるのかは、奥深い論点です。日本は、戦前は自宅で精神障害者を監護するというところから始まっていて、その後の保護者制度を見ても、家族の役割ということに重きが置かれていたと思います。一般の介護や子育てについても、外部サービスを利用して当然となったのは近年になってからだと思います。

医療保護入院に関して考えると、家族には本人の利益を代わりに考えて同意するという役割が求められており、他の者にその役割を担わせるには、なかなかいい案が思い浮かばないという現状だと思います。今回の改正後も、医療保護入院のあり方については検討していくこととされています。

●入院者訪問支援事業の創設

精神科病院において、外部との面会交流を確保することは、患者の孤独感等を防ぐ上で重要です。特に、医療保護入院のような非自発的な入院の場合、家族との音信がない患者は、医療機関外の者との面会交流が途絶えやすくなります。このため、今回の改正で、市町村同意による医療保護入院者等を対象に、外部との面会交流の機会を確保し、その権利擁護を図ることを目的として、都道府県知事等が行う研修を終了した入院者訪問支援員が、患者本人の希望により、精神科病院を訪問し、本人の話を丁寧に聴くとともに、必要な情報提供等を行う「入院者訪問支援事業」を創設します。

精神科病院の外から、入院患者を訪問する事業を法律上創設することは、画期的な改正だと思っています。どうしても閉鎖的になりがちな精神科病院において、病院内での支援とは別に、病院の外から患者を訪問する。具体的には、支援団体や当事者団体などの方が、都道府県等の研修を受けて訪問することになります。患者の孤立感・自尊心の低下を軽減し、権利擁護を図ることを目指しています。

入院者訪問支援事業は、都道府県等の任意事業としています。しかしながら、障害者の権利擁護を進めていくために、すべての都道府県等で実施され、利用される制度となることを目指していくべきと思っています。

●精神科病院における虐待の防止

精神保健福祉法改正の三つ目の柱が、精神科病院における虐待防止に向けた取組の一層の推進です。

障害者虐待防止法では、障害者福祉施設について、障害者虐待についての市町村への通報の仕組み等を設けていますが、保育所、学校、病院については対象となっておらず、それぞれの施策の中で対応されてきました。ちなみに、保育所については子ども全体に対する不適切保育の防止の中で、学校については体罰の防止等の取組の中で対応されています。

今回、精神科病院の患者に対する虐待への対応について、病院の管理者のリーダーシップのもと、組織全体でより一層推進していくために、精神保健福祉法において規定を設けることとしています。

具体的には、第1に、精神科病院の患者に対する虐待への対応について、業務従事者への研修や患者への相談体制の整備等、虐待防止等のための措置の実施を、精神科病院の管理者に義務づけます。

第２に、精神科病院の業務従事者による虐待を受けたと思われる患者を発見した者に、速やかに都道府県等に通報することを義務づけます。あわせて、精神科病院の業務従事者は、都道府県等に通報したことを理由として、解雇等の不利益な取扱いを受けないことを明確化します。

第３に、都道府県等は、毎年度、精神科病院の業務従事者による虐待情報等を公表するものとしています。

第４に、国は、精神科病院の業務従事者による虐待に係る調査及び研究を行うものとします。

虐待の通報を受けた都道府県等は、精神保健福祉法の枠組みの中で、監督権限等を適切に行使することになります。

障害者福祉施設の例で見ると、毎年度の虐待情報の公表を都道府県別に見ると、虐待として認定したか、その後どのような措置を講じたかなどについて、都道府県間の差が明らかになり、例えば明らかに対応が乏しい都道府県が分かります。この改正を受けて、官民あげて虐待の防止や適切な対応を促していく必要があると思います。

●精神保健福祉法見直しの意義

今回の精神保健福祉法の改正は、大きな前進であると思います。

病院の外から患者を訪問する「入院者訪問支援事業」。ともすると閉鎖的と言われてきた精神科病院において、外から訪問してくる者が患者を支援するという、大きな前進です。

虐待防止の取組が精神科病院に入ったことについても、各精神科病院では適正な医療の提供に努められていますが、さらにその意識が深まるものと考えられます。福祉施設でも、家庭でも、どうしても不適切な行為は起きてしまいますので、それをなるべく少なくし、起きた時にも是正する仕組みが制度化されたことは、大きな前進です。

精神障害者がどのように扱われているかが、その国の文化水準を表す。私が入省2年目に精神保健福祉課に配属になった際に、出会った言葉です。

平成7年（1995年）に精神保健法が精神保健福祉法となり、平成18年（2006年）から精神障害者も他の障害と同様に障害者自立支援法の対象となり、様々な制度見直しが行われてきていますが、今回の改正も、大きな意味のある改正になると思っています。

今後も、精神科医療のあり方について議論されていきますが、誰もがかかわる可能性がある疾患であり、国民的にも関心を持ってもらいながら議論が進んでいけばよりよいと思っています。

難病患者及び小児慢性特定疾病児童に対する適切な医療の充実及び療養生活支援の強化

さて、今回の改正法には、難病法・小児慢性特定疾病に係る児童福祉法の改正も盛り込まれています。

●難病法・小児慢性特定疾病に係る児童福祉法の改正

難病法は、平成27年（２０１５年）に施行された新しい法律です。また、同年に小児慢性特定疾病についても児童福祉法に位置づけられています。その施行後5年の見直し規定を踏まえ、令和３年（２０２１年）７月には関係審議会において意見書が取りまとめられていました。

一方、平成25年（２０１３年）の障害者総合支援法の施行により、難病等の者も障害者総合支援法の対象とされました。

今回の改正法を考えるに当たって、難病患者・小児慢性特定疾病児童についても障害者と同様に、医療面での支援だけではなく、福祉や就労面での支援が必要になっており、また、データベースの構築という共通の改正項目があることから、障害者総合支援法等の改正と共に難病法・小児慢性特定疾病に係る児童福祉法の改正もあわせて行うこととされたものです。（結果として、より多くの人が喜んでくれる法案になったのだと思います。）

●難病・小児慢性特定疾病の医療費助成の前倒し

せっかくですので難病法・小児慢性特定疾病に係る児童福祉法の改正内容もご紹介しましょう。これらの見直しは、令和5年10月等に施行されます。

第1が、難病や小児慢性特定疾病に関する医療費助成の見直しです。現在、医療費助成は申請日以降の医療費が対象となっていますが、症状が重症化してから、診断書をもらって申請を行うまで一定の時間がかかることから、申請日より前の重症化したと診断された時点まで遡って医療費の助成を行うこととするものです。

遡りの期間は原則1か月、入院その他緊急の治療であった場合等は最長3か月まで遡って医療費が助成されます。重症化後すぐに医療費がかかることを踏まえれば、今回の改正は患者団体からも待ち望まれた改正となっています。

●難病患者・小児慢性特定疾病児童の登録者証の発行

第2が、登録者証の発行です。

難病患者・小児慢性特定疾病児童が福祉、就労等の各種支援を円滑に利用できるようにするため、都道府県等が患者のデータ登録時に指定難病に罹患していること等を確認し、「登録者証」を発行する事業を創設します。障害者福祉サービスの受給申請時や、ハローワークでの支援に当たって、登録者証により難病患者・小児慢性特定疾病児童であることを確認しやすくし、各種支援の利用を促進することを目指しています。

その際、マイナンバー連携による確認ができるようにすることで、マイナンバーカードを登録者証として使えることとしていきます。

●難病相談支援センターと福祉・就労支援の連携強化

第３が、難病相談支援センターと関係機関の連携強化です。

難病相談支援センターの連携すべき主体に、医療機関に加えて、福祉や就労に関する支援を行う者を追加し、難病患者の医療、福祉、就労に関する支援の連携を図ることとしています。

また、現在、難病対策地域協議会の設置が法定化されていますが、小児慢性特定疾病の協議会も法定化した上で、両協議会間の連携努力義務を新設します。

難病や小児慢性特定疾病について、医療の支援だけでなく、福祉や就労等を含む支援を行っていくという方向性であり、昔の精神障害者の支援の充実の流れと重なる部分があると思います。

●小児慢性特定疾病児童に対する支援の強化

第４が、小児慢性特定疾病児童に対する支援の強化です。

地域の小児慢性特定疾病児童やその保護者の実態を把握し、課題の分析等を行い、自立支援事業の実施及び利用を促進する「実態把握事業」を新たに追加するとともに、レスパイト（保護者の一時的な休息）や患者同士の相互交流等の自立支援事業について、実施を地方自治体の努力義務とします。

今回の改正で、こうした難病患者や小児慢性特定疾病児童の支援が充実すること、それも障害者支援と一体的な形で改正されることは、今後の総合的な支援のあり方にとってもよい方向性になるのではないかと思っています。

障害者福祉サービス等、指定難病及び小児慢性特定疾病についてのデータベースに関する規定の整備

●データベースの規定の整備

今回の改正の五つ目の柱が、障害者福祉サービス等、指定難病及び小児慢性特定疾病（以下「小慢」と略します。）についてのデータベース（ＤＢ）に関する規定の整備です。

医療、介護の分野においては、平成20年（２００８年）度に医療ＤＢ（ＮＤＢ）、平成30年（２０１８年）度に介護ＤＢが整備されています。障害者福祉の給付費についても、データベースを構築することとし、今回の法改正で、データベースの法的根拠を新設します。

具体的には、国による情報収集、都道府県等の国への情報提供義務、安全管理措置、第三者提供ルール等の諸規定を順次整備していきます。また、他の公的ＤＢとの連結解析も可能とします。

障害ＤＢでは、給付費のデータのほか、障害支援区分の認定データについても匿名化して、集積

します。これにより、どのような障害の状況の者がどのようなサービスをどのくらい使っているかが分かります。地方自治体ごとの比較もできますので、地方自治体の障害福祉計画づくりのバックデータとしての活用も可能になります。行政のみならず、民間の研究者等もこのビッグデータを利用できることになります。

また、医療ＤＢと突合することで、例えば精神科医療の受診と障害者福祉サービスの利用の関係を分析したり、介護ＤＢと突合することで、65歳以上の者がどのように制度を利用しているのかを分析したりできるようにもなります。

●難病・小慢についてのデータベース

今回は、難病、小慢についても、データベースの法的根拠が設けられます。難病ＤＢは医薬基盤・健康・栄養研究所に、小慢ＤＢは成育医療センターに設けられます。軽症の指定難病患者・小児慢性特定疾病児童もデータ登録可能となります。先に述べた登録者証の発行する効果とあいまって、より多くのデータを集積することが期待できます。

難病の方にとっては、治療法の研究が進むことが何よりも大切であり、このデータベースの充実は、とても期待されているものです。改正法が成立した際のニュースでも、難病患者の方が、データベースができることに大きな期待を寄せていて、法案が通ってよかったと話されていたことが印象的でした。

●障害者施策と難病施策

今回、障害者関係の法案と、難病関係の法案を、一つの法案でやろうと思った一つのきっかけとして、このデータベースの規定を、障害者、障害児、難病、小慢について設けるのであれば、特に障害児、小慢は同じ児童福祉法でもあり、一緒に改正したほうがいいということもあります。

それよりもむしろ、障害者総合支援法の対象に難病等の者も含まれており、障害者も難病患者・小児慢性特定疾病児童も、医療、福祉、雇用の連携が求められていることからすると、これらをトータルに充実させていくことこそが、本来のあるべき姿なのだと思います。

コロナ禍への対応の影響などもあり、難病法改正法がなかなか国会に出せないでいましたので、障害者総合支援法等と一緒に法改正することとしたことは、難病法改正は団体の皆さんも強く成立を望んでいたものであり、結果としてよかったと思っています。

その他

●市町村のニーズを踏まえた障害者福祉サービス事業者の指定

さて、今回の改正法の内容説明も残り2項目です。

一つ目が、地域のニーズを踏まえた障害者福祉サービス事業者指定の仕組みの導入です。

事業者の指定は都道府県が行いますが、今回、市町村が、障害福祉計画等との調整を図る見地から意見を申し出ることができることとし、都道府県はその意見を勘案して指定に際し必要な条件を付せることとします。

これにより、市町村のニーズに応じた、より細やかな地域のニーズを踏まえた事業者指定ができるようにします。

具体的には、①市町村が、障害福祉計画に記載したサービスのニーズを踏まえて、事業者のサービス提供地域や定員の変更を求めること、②市町村の障害福祉計画に中重度の障害児・者や、ある障害種別の受入体制が不足している旨の記載がある場合に、事業者職員の研修参加や人材確保等、その障害者の受け入れに向けた準備を進めること、③サービスが不足している近隣の市町村の障害児・者に対してもサービスを提供すること、④市町村の計画に地域の事業者が連携した体制構築に関する記載がある場合、事業者のネットワークや協議会に事業者が連携、協力又は参加すること、などの条件を付すことが例とされています。

このように、地域ニーズに対応するための活用が想定されていますが、条件の内容は障害福祉計画に記載されたニーズに基づき検討されますので、各地方自治体の障害福祉計画の検討はますます重要なものとなります。

●居住地特例の見直し

最後の改正項目が、居住地特例の見直しです。

障害者が障害者支援施設に入所する場合や、高齢者が介護保険施設に入所する場合は、施設所在市町村の財政負担を軽減する観点から、施設入所前の居住地の市町村が支給決定を行います。これを居住地特例と言います。

今回の改正により、令和5年4月から、介護保険施設の入所者が障害者福祉サービスを利用する場合も、居住地特例の対象となりました。介護保険施設に入所していても、義肢、視覚障害者安全杖などの補装具[*61]や、視覚障害者の外出支援（同行援護）を利用する場合があり、この場合の支給決定も入所前の市町村に統一しようというものです。

審議経過等

●改正法の審議経過

以上が、今回の改正法の内容です。

改正法案は、令和4年（2022年）10月26日に国会に提出され、衆議院、参議院での審議を経て、臨時国会の会期末、12月10日の土曜日の夕方に、成立しました。本当にギリギリの成立でした。衆議院から、感染症法改正法の次に審議されることとなり、補正予算案の審議等もある中で、会期内で参議院まで審議が収まるかが心配されましたが、それこそ関係者の調整のおかげで、多くの国会議員の先生方にもお力を尽くしていただいて、なんとか会期内に成立しました。本当によかったです。

束ね法案であることも争点になりましたが、最終的には、自民党、公明党、立憲民主党、国民民主党、維新の会の賛成を得て、成立することとなりました。

会期内になんとか成立したのは、色々議論はありましたが、法案の内容が、難病患者・小児慢性特定疾病児童を含む障害者の福祉、医療、雇用を前に進める内容だったこと、多くの方にこれは成立させるべきと思ってもらえるような内容だったことが、大きいと思っています。

「まんじゅうは、あんこがしっかりしていることが大事」。まさに、あんこが、いい法案だったのだと思っています。反対意見についてもしっかりと向き合う必要がありますが、成立したことは、これまでずっと検討、調整されてきた担当の皆さま方のご尽力の賜であると思っています。

コラム23▼顔で笑って

調整が難航している時に、企画課長である私に、「大丈夫か」、「大丈夫ですか」、とよく聞かれたのですが、自分が不安そうにしていると伝播すると思い、常にニコニコと「大丈夫」「大丈夫」と答えるようにしていました。悪い法案ではないので、いずれにしてもいつかは成立すると思っていました。

＊61：補装具は、障害者の失われた身体機能を補完・代替する用具（義肢、装具、車椅子、重度障害者用意思伝達装置等）であり、障害者総合支援法により補装具の購入等のための補装具費が支給されます。

●関係部局の連携

今回、束ね法案でしたので、私も、職業安定局の障害者雇用対策課長、健康局の難病対策課長と、それこそ毎日、一緒に議員会館等を回っていました。法案作成の作業をするタコ部屋*62も、局を越えて一緒に作業していました。障害保健福祉部と、職業安定局と、健康局の3局が今回ほど一緒に仕事をしたことはなかったと思いますし、間違いなく絆が深まったと思っています。これは障害者福祉の歴史にとって大きな一歩であると思っています。

障害児支援はこども家庭庁に移管されましたが、文部科学省も含めて、省や局の垣根を越えて、関係部局が連携して障害者支援に取り組んでいくことが求められると思います。その基礎は今回しっかり築けたのではないかと思います。

●施行5年後の見直し規定

今回の改正法では、附則第2条に、施行5年後を目処とした、見直し規定が置かれています。これまで障害関係の法案は施行3年後を目処とした見直しが多かったのですが、数次の改正を経て制度が定着してきていることや、審議会においても今後は骨太な見直しの検討が必要と指摘されたこと等を踏まえて、一般的な5年後見直しとされたものです。改正法は原則は令和6年（2024年）施行ですので、次の見直しは令和11年（2029年）ということになります。

●非自発的入院制度のあり方等の検討規定

同時に、附則第3条には、精神科医療について、非自発的入院制度のあり方等に関し、精神疾患の特性等を勘案するとともに、障害者権利条約の実施について精神障害者等の意見を聴きつつ、必要な措置を講じることについて検討するものとする検討規定が設けられています。この規定は公布日施行です。

精神保健福祉関係の検討会や審議会でも、まずは今回の改正を行いつつ、さらに非自発的入院制度のあり方については検討していくべきとされていました。令和4年（2022年）9月には、国連障害者権利委員会の対日審査の総括所見が出され、非自発的入院の廃止等が指摘されています。総括所見は法的拘束力はありませんが、その趣旨も踏まえながら、非自発的入院制度のあり方等について、速やかに検討していくこととしています。

●国連障害者権利委員会の指摘

国連障害者権利委員会の大きな指摘の一つが、非自発的入院の廃止です。非自発的入院はできる限り少ないほうがいいのは間違いないですが、実際、入院しての医療が必要な状態の方はいらっしゃいますので、そうした方の医療を具体的にどう提供していくのかを考えていく必要があります。

＊62：「タコ部屋」については61頁の注釈（＊31）を参照。

また、もう一つの指摘が、特別支援教育を廃止し、インクルージョンを推進していくことです。障害児支援の利用も増え、確かに日本は、専門的な支援・教育と一般の支援・教育との垣根ができてしまっている感があります。インクルージョンを推進すべきという指摘はその通りと思います。一方で、例えば知的障害の子どもが中学校ですべて一緒の授業を受けるというのはどうかと思いますので、インクルージョンな環境の中で、個別の状況にあった教育が提供されていることが目指されるべきと思っています。

●附帯決議

今回の改正法については、衆議院で30、参議院で35という、非常に多くの附帯決議がつけられました。附帯決議とは、法案を採決するに当たり、国会から政府にさらに検討を求めていく事項をまとめたものです。今回の改正法には様々な論点があり、関係団体からも様々な要望があります。今回、この多くの附帯決議を付することが、法案に賛成をする前提という立場もあったのだと思います。

この附帯決議の多さに、障害者に関する制度への期待の高さが現れていると、改めて感じました。附帯決議の項目の一つ一つに、誰かの思いがこもっていると思って、我々には誠実に対応していくことが求められていると思っています。

第4章

今後の展望

よりよい制度を目指して

●障害者福祉の現状の評価

ここまで、障害者福祉の法律の歴史や現状、令和4年改正法について書いてきましたが、ここからは、今後の展望について書いていきたいと思います。すべて私見です。

まず、障害者福祉の現状をどう評価するかですが、やはり障害者自立支援法ができて、三障害共通の支援が義務的経費となって、この15年で、予算が3倍、国費で約2兆円になっているということは、大きな成果であると言えると思います。当時を知る者としては、まさか「予算3倍」が現実的なものになるとまでは想像していなかったのではないでしょうか。今でも給付費は伸びていて、主に精神障害者と障害児のサービス利用者が増えている状況です。サービスが浸透してきて、事業者も増えてきて、障害者が地域で暮らし、働く制度面での基盤は、かなりしっかりしてきたと言えるのではないでしょうか。

●よりよい制度を目指して

これまで書いてきたように、平成25年（2013年）施行の障害者総合支援法、平成30年（2018年）施行の改正法、そして令和4年改正法と、その後も制度改正が重ねられてきています。もちろん、令和4年（2022年）6月の社会保障審議会障害者部会の報告にある通り、まだまだ課題は多くありますが、制度面での基盤という意味では、障害者総合支援法、そして児童福祉法に基づく障害児支援の仕組みについては、かなりしっかりしてきて、定着してきていると言えると思います。

そうした中でも、もちろん、よりよい制度を目指して、次のような課題に対して、我々は前進を目指していかなければなりません。

コラム24▼何のために働いているか

政策を考えていく上では、目指すべき大目標があって（例えば、障害の有無にかかわらず誰もが幸せを感じられる社会）、そのためにどういう政策が必要かを考え（例えば、インクルージョンの推進、地域生活や就労の支援の充実）、課題を踏まえて具体的な施策を考える（例えば、令和４年改正法）ということが大切だと思っています。

当たり前のことですが、忙しいと、目の前の業務に追われて、何のためにやっているのか、何を重視しなければいけないのかを忘れてしまうことがありますので、折に触れて思い出すことが必要だと思います（よくある組織の業務目標の設定のような作業も、こうした考え方からなのだと思います。）。

地域移行・地域生活の支援

●地域移行・地域生活の支援の更なる前進

課題の第1は、施設・病院からの地域移行、地域生活の支援の更なる前進、だと思います。

そもそも、なぜ、地域移行、地域生活の支援を進めていかなければならないのでしょうか。

ここからは特に私見ですが、福祉においては、衣・食・住が満たされるということが、最低限必要です。施設での保護は、これを満たすものです。しかし、人の幸せを考える時に、「誰かの役に立って、ありがとうと言われる」こと、できればそれでお金をもらえるということが、とても重要だと思います。

人間には、誰かの役に立って、ありがとうと言われると、うれしい、というＤＮＡがあるのだと思います。皆がそう思っていけば、より住みよい社会となっていくからです。寝たきりの老人であっても、家の近くにいれば、例えば孫が１００点をとったら誉めてあげることができると思います。人と人とが関われば、何か、お互いに、伝え合うこともできると思います。できるだけ地域で暮らし、働くこと。それは、「誰かの役に立って、ありがとうと言われる」機会が、増える可能性が高い、ということではないかと思っています。おいしいラーメンをつくれるのであれば、より多くの人に食べてもらいたいと思う。42・１９５ｋｍを2時間強で走れるのであれば、誰も見ていないところで走るのではなく、やはり皆が見ている中で走りたい。

●誰かにありがとうと言われること

もちろん、生きていること、そこにいること、そのことがそのまま素晴らしいという考え方も正しいと思います。その上で、誰かと関わって、ありがとうと言われることが、増えたほうが望ましいと考えています。

マズローの５段階欲求というのは、実にその通りだなあと思っています。

⑴　食事・睡眠など本能的に求める「生理的欲求」
⑵　危険にさらされず安心できる生活を求める「安全欲求」
⑶　仲間や集団内での役割やつながりを求める「社会的欲求」
⑷　人との関わりの中で評価されることや尊重されることを求める「承認欲求」
⑸　自分の能力を発揮することを求める「自己実現欲求」

です。

福祉においても、誰かにありがとうと言われること、そして自分の能力を発揮できていると思うこと、ということは、重要な視点だと思います。もし施設の中で暮らさなければならないとしても、施設の中でなるべくそうしたことが感じられるような環境にしていかなければならないと思いますし、地域で暮らし、働くということは、よりその機会が増えるということだと思っています。

●重症心身障害の方も

何度も話したり書いたりしているのですが、私が見た、私の兄の一番うれしそうな顔は、バザーをやっていて、自分たちがつくった商品が売れて、お金をもらった時の顔です。単にお世話されるだけでは、そんな表情はできないでしょう。

熊本のある施設では、重症心身障害で動けない、話せない人も、パン屋さんで働いてもらっています。車椅子のちょうど腕のところに、押すと「ありがとうございます」と声が出る大きなボタンがあり、お客さんが来ると一緒に押してあげる、それをしばらく繰り返していたら、ある日から、自分でボタンを押すようになったとのことです。その話を聞いただけで私は感動してしまいましたし、実際、例えばパン屋を訪れた子どもがその姿を見たら、感じるところがあるだろうと思います。

●社会保障の機能⑴～所得移転

社会保障の機能としては、お金がある人から困っている人に渡すこと、例えば所得が100ある人から10もらって、所得が0の人に渡せば、所得が100ある人の幸せ度が8から7に1落ちても、所得が0の人の幸せ度が2から5に3上がれば、トータルの幸せ度が増えるということ、がまずあると思います。誰にどのくらいの負担を求め、誰にどのくらいの支援をしたら、幸せ度の総和が最大になるか。厚生労働省の仕事の第一は、まずそのことを考え続けることだと思っています。

●社会保障の機能⑵～リスクの分散

もう一つの社会保障の機能は、例えば医療保険のように、百分の一の確率で病気になり、その病気を直すためには１００万円かかるならば、皆から1万円ずつ集めておく、というリスクの分散の機能です。

所得移転とリスクの分散、これを組み合わせて、様々な状況にある人の幸せの総和をより大きくしていくことだと思っています。

●社会保障の機能⑶～誰かの役に立って、ありがとうと言われる

同時に、支援を受ける者が、「誰かの役に立って、ありがとうと言われる」機会を増やすことが、大事であると思います。地域共生社会は、地域住民が、それぞれ支え合う社会です。高齢者も障害者も誰かに支えられつつ、誰かを支える側になる、という考え方です。それは、そうしたほうが幸せが大きくなるからだ、と個人的には解釈しています。

コラム25▼モーニングコール

私の兄は、毎朝私に電話をしてきます。聞き取れないことが多いのですが、よく聞いていると、何かを見て、今日の私と私の家族の運勢を教えてくれているようです。兄として弟にアドバイスしてくれているのだと思います。ありがたいことです。

●障害福祉計画、報酬改定での対応

さて、ちょっと私見を書きすぎましたが、いずれにしても、施設・病院からの地域移行、地域生活の支援は、引き続き、障害者福祉の最大の任務の一つであると思います。

令和4年改正法もそれが中心でしたし、現在、作業を進めている、各地方自治体での障害福祉計画の見直しにおいても、地域移行等の目標を設定し、実現を目指していくことは、計画の柱の一つとなっています。

地域の皆が障害者を支え、もしくはロボット等の新たな支援技術も増えていけば（最先端の科学技術こそ、障害者福祉に活用できないかと思っています。）、未来においては、施設も、ひょっとしたらグループホームも必要なくなる社会が来るかもしれません。私が生きているうちには難しいかもしれませんが、そうした未来を目指していきたいものです。

令和6年（2024年）の報酬改定においても、より地域移行、地域生活の支援を進めていくために、が見直しの一つの柱になると思います。同時に、給付費がかなり伸びていますので、楽して儲けているような事業者がいればその報酬は減らし、苦労されている事業者の報酬を増やす報酬改定ができれば、ベストだと思っています。簡単ではないですが、給付費が約4兆円と巨大になってきている中、より必要なところに財源をつけて、支援を厚くしていきつつ、非効率なことはなくしていくことが、国民の納得を得ていくためにも必要です。日本は、医療も介護も、障害者福祉も、市場原理ではなく、公定価格で支援が決まっていきます。障害福祉報酬のさじ加減一つで、現場も変わっていく面があります。よりよい報酬を皆で目指していくことが、大きなテーマであると思います。

就労の支援

●障害者の就労の支援

課題の第2は、より障害者の就労の支援を進めていくことだと思います。ふつうに暮らし、ふつうに働く、をいかに実現していくか。

歴史的に見れば、障害者の授産施設、福祉工場が、就労継続支援や就労移行支援等となって、また、障害者雇用制度の中で、雇用率制度により障害者の一般就労を増やしているというのが現状であり、今回の改正法でもそうですが、これをよりよいものへと変えていく取組だと思います。

障害者が、働いて、誰かにありがとうと言われる機会が増えれば、絶対に幸せが増えます。

日本は、子どもの頃から、一般学校と、特別支援学校とに分けて支援しています。18歳を過ぎても、一般就労ができる者と、福祉の場にいる者で分かれてしまっているのが現状です。

大理想は、支援員が（未来ではＩＣＴの活用等での支援でもいいので。繰り返しになりますが、最先端の科学技術こそ、障害者のために活用できないかと思っています。）個々の障害者を支援すること等により、一般就労の中で働ける社会だとは思いますが、少なくとも、できるだけ交じり合えるような働き方を目指していかなければならないと思います。

雇用率を達成するために、本業とは違うところで、単に農園で障害者を働かせるというのは、そうした観点からは、ちょっと違うのではと思います。

ただ、障害者の就労に、様々な主体が参入してきていることは、悪い面もあれば、よい面もあると思います。我々がきちんとした制度をつくって、様々な主体が障害者の就労を支えて、障害者も社会の中で誰かのために働いていけるようにしていく、ということを目指していくのだと思っています。

障害児支援におけるインクルージョンの実現

●障害児支援におけるインクルージョンの実現

課題の第3は、障害児支援におけるインクルージョンの実現です。

繰り返しになりますが、障害児支援は、平成24年（２０１２年）施行の児童福祉法の改正で、児童発達支援や放課後等デイサービスなど、サービスの敷居を低くして利用しやすくすることを目指した結果として、利用者は4倍以上に増えています。給付費はそれ以上に増えてきていて、ある意味目指していたことが実現できているのですが、一方で、障害のある子どもは専門の障害児支援でという、インクルージョンとは逆の方向の流れになってしまっているのではないかと危惧しています。国連の委員会から、特別支援学校の廃止まで言われたのはかなり高いハードルと思いますが、専門的支援を確保しつつ、インクルージョンを進めていくことは、今後の、ある意味社会の姿を変える、大きな取り組むべき課題だと思っています。

そうした中で、令和5年（２０２３年）４月からこども家庭庁ができて、障害児支援も、厚生労働省の障害保健福祉部から、こども家庭庁へ移管されたことは、インクルージョンを進めていくという観点から、大きな歴史的な転換点になり得るのではないかと、期待をしています。

保育課長の時に、医療的ケア児を受け入れている保育園を見に行きましたが、確かに、他の子ども達と一緒に遊んでいる姿を見て、こうした姿を増やしていくよう努力すべきと思いました。そういう意味では、保育所、そして学校の中で、そうした障害児を受け入れる体制の強化に、予算を使っていくべきだと思っています。保育所等訪問支援を利用して、障害児支援の側から保育所や学校に出向いていくことも、もっともっと増えていくといいと思っています。

●障害がある子とない子が交わる機会を

もちろん、知的障害のある子が、中学、高校と、一緒に授業を受けるというのは難しいと思います。ですが、交わる機会は増やしていくべきと思います。

これは、中野区のある中学校の校長から聞いた話ですが、その学校には特別支援学級があり、運動会の全員リレーは、一般学級の子と混合でやったそうです。いつもは勝利至上主義の血気盛んな男の子が、障害のある子にバトンが渡ったとたん、「あせらなくていいよ」「ゆっくりいこう」と声をかけている姿を見て、やはり障害のある子も混ざっていくことは、障害のない子にとっても双方にとっていい効果があると仰っていました。

こども家庭庁ができて、厚生労働省とこども家庭庁はもちろん、文科省も含めて、連携を密にして、障害のない子とある子がより交わっていける社会を目指していくべきだと思っています。

●難聴の子の支援

難聴の子の支援についても、課題となっています。難聴の子の支援は、特別支援学校に頼っている地方自治体が多く、難聴の子を中心としている児童発達支援は、全国で19しかありません。難聴の子中心の児童発達支援がない都道府県のほうが多いのです。一方で、近年、技術の発達で、まだ小さいうちに人工内耳をつけて、言語でのコミュニケーションができるようになる子も増えてきています。赤ちゃんの時に難聴を発見して、人工内耳という選択肢も示して、手術をして、その後療育をしていく、あるいは手話による養育や教育をしていくとなると、母子保健から医療、そして福祉、学校への連携体制をつくっていくことが必要です。

各都道府県でそうした体制作りの計画を作成し、中核的機能を有する体制を確保していくため、厚生労働省では、令和4年（2022年）2月に「難聴児の早期発見・早期療育推進のための基本方針」を策定しました。令和6年（2024年）度からの各都道府県の障害児福祉計画においても、難聴児支援の計画と体制をつくりあげていくことを求めています。

コラム26▼手話について

手話には、日本手話と、日本語対応手話があるのを、ご存じでしょうか。日本手話は、日本語とは独立した手話です。生まれつき耳が聞こえない方々が主に使っているのは日本手話だそうで、テレビニュースなどの手話も日本手話の場合が多いそうです（耳の聞こえない方のほうが上手なので、原稿があるニュースの場合には耳の聞こえない方が手話をしていることも多いそうです。）。

一方、日本語対応手話は、文字通り、日本語を手指で表しているもので、日本手話とは文法などが異なるそうです。

私の母が昔、職場に耳の聞こえない方がいるということで手話を勉強していましたが、私たちの手話に対する理解をもっと深めていく必要があると思っています。

●医療的ケアが必要な子の支援、親の就労支援

医療的ケアが必要な子どもは、年々増えています。また、障害のある子がいても働き続けたいという親も増えています。保育課の時も、保育所での医療的ケア児の受け入れを進めていくことが課題でしたが、重度の子で保育所での預かりでは難しいという子どもについては、障害児支援の中で、療育と共に親の就労支援をしていくことが必要になってきています。「障害のある子を預けて働く

なんて」ではなく、障害のある子だからこそ、しっかりと預けられる体制をつくっていくことが、障害のあることが特別ではなく、ふつうに暮らし働ける社会づくりのためにも重要だと思っています。

●家族支援

児童発達支援に視察にいくと、自分の兄も障害があったこともあり、どうしても親の表情を気にして見てしまいます。多くの場合、まさか自分の子に障害があるとは思っていなかったでしょう。でも、障害のあることを受容し、親になっていく。これまでの障害者福祉の歴史には、障害のある子のことを思い、社会を変えていくという、親の運動、パワーが大きな役割を果たしてきた面もあると思います。

熊本で、こうのとりのゆりかごができた時に、県で担当課長をしていましたが、やはり、障害のある子が置いていかれることがありました。そりゃあ、ショックも受けるでしょう。でも、多くは、それを乗り越えて、障害者の親になっていくのだと思います。自分の親の話を聞いても、なかなか受け入れがたいことも多くあったと思いますが、障害があっても大丈夫、と思えるような社会にしていくことが、我々の使命であると思っています。

特に支援が必要な者への対応

●重度の者と軽度の者の支援に課題

先に書いたように、障害者福祉については、制度的には、かなりしっかりしたものができてきたと思います。少なくとも、私が平成20年（２００８年）から平成23年（２０１１年）に障害保健福祉部にいた時は、制度をどうしよう、とかんかんガクガクしていたことを思うと、かなりしっかりした、さらによりよいものを目指そうという状況になってきたと思います。

だからこそ、まだまだ課題があるというところに、スポットをあてていく必要があると思います。私見ですが、特に支援が必要な障害のある方への支援と、逆に障害があるかないかのボーダーの方など軽度の障害の方の支援の両端に、最近の課題があるのではと思っています。

●医療的ケアの必要な者への支援

まず、医療的ケアの必要な者、強度行動障害、高次脳機能障害の者など、特に支援が必要な者への対応です。

医療的ケア児が増えてきているということは、今後、医療的ケアが必要な大人も増えていくということです。そうした者が、共に暮らし働けるような体制をいかにつくっていくか。介護保険は、訪問看護など、医療と福祉の両方の支援が含まれているのですが、障害者福祉の場合は、医療保険での訪問看護などと障害者福祉との組み合わせとなりますので、医療と福祉の連携が高齢者よりも遅れているという指摘があります。

また、のぞみの園などもそうですが、昭和40年代にできた施設では、入所者が高齢化して、医療が必要な者が増えており、どのように支援していくのかは目の前の課題になっています。

令和6年（2024年）4月の医療、介護、障害福祉報酬の同時改定などにおいて、医療との連携がさらに進むよう検討していく必要があると思っています。

●強度行動障害の者への支援

強度行動障害の者への支援については、障害保健福祉部で検討会も開催されています。非常に支援が大変ですので、体制の整っている施設での支援が必要という者もいます。一方、個々の強度行動障害の者の状況に応じて、彼らは感覚刺激が嫌いで感覚刺激があると体が動いてしまうということもありますので、個々の状況に応じてパーテーションをしたり、やることのルーティンをつくったりという環境づくりをしたほうが、落ち着いた支援ができるようになると言われています。視察をさせていただいた佐賀県の生活介護、グループホームでもそうした取組で行動障害を減らしていましたし、神奈川の障害者施設でも、感覚刺激を抑えていくことが重要という話をされていました。暴れているほうも辛いのだという話も聞きます。また、「嫌いなものは投げてしまえば食べなくても許される」という「誤学習」を子どもの頃から防いでいくことも大切だそうです。よりよい支援のあり方に向けた検討が進むことが期待されます。

強度行動障害については、のぞみの園でも、さすが国（独立行政法人）の施設、と言える取組が行われています。現地視察もし、ビデオも見せていただきました。行動障害が強く精神科病院に入院されていた方について、その人がしたいこと、を見つけ出し、絵カードを使って１日の中でそれをやるのだと理解してもらいます。その人にあった活動をしてもらうことで行動障害を抑えて、最初は歩けなかった方が小走りして作業場に向かえるようにまでよくなっていました。そのビデオに写っている表情が、格段によくなっているのです。あ〜、障害のある方にこういう表情をしてもらうために、皆頑張っているのだ、我々も頑張らなければ、と改めて思いました。

●高次脳機能障害の者への支援

高次脳機能障害の者についても、交通事故等で脳が損傷され、記憶障害であったり、性格が変わったりとしますので、よりよい支援のあり方が模索されています。事故の前の仕事に戻ることは難しく、はたまた、例えば他の精神障害者等の就労支援事業所に参加してもうまく入っていけないということもあるので、個別に支援の配慮が必要になります。

また、高次脳機能障害についての一般の方の認知も十分ではなく、知らないで接すると、違和感のある人と思われたりして、苦労されているとのことです。事故は誰にでも起こりうることですし、病気で脳機能に障害が生じることもあります。障害者福祉に詳しい国会議員の中でも、高次脳機能障害の者への支援を議論していこうという動きになっており、よりよい支援に向けた取組を進めていくべきものの一つとなっています。

軽度の知的障害・発達障害の者への対応

●軽度の知的障害・発達障害の者への支援

逆に、軽度の知的障害・発達障害の者への支援のあり方についても、現場においても、国会議員の中でも、様々な場で、最近の課題として話されることが多くなっていると思います。

手帳を持っている人には、それなりの支援制度があるのですが、手帳をもらうまではない、でも、何らかの障害がある、という方が、生きづらい、場合によっては、困難な生活に陥っている、ということがあると言われています。

子どもについては、障害児支援の敷居が低くなって、昔よりも多くの者が専門的支援につながっていると思います。一方で、文部科学省が、一般学級の中でも８・８％の子どもが何らかの支援が必要な子どもであるという調査結果を発表しました。実感ともあっています。

私見ですが、昔は、少し障害があったとしても、例えば農業の中で働くなど、社会の受け皿がまだあったのかもしれません。今は、支援につながらず、一方で一般社会の中でも生きづらいという方について、どう支援していくのかが課題になっていると思います。刑務所の受刑者の約２割が手帳は持っていないが知的障害があると言われています。生活困窮者支援等の対象者を調べてみても、例えば無料低額宿泊所利用者の４割超に知的障害がみられるとのことです。ホームレスの方等でもそうだと思います。自らが障害者としての支援を求めていない者に、あなたは障害がありますから、といって支援することはすべきではありません。一般の学校、就労支援、福祉の中で、そうした者を支援につなげていくことが必要ですし、障害者福祉と一般の福祉がつながって地域で支援していけるようにしていくことが理想だと思っています。

●一般学級の中にいる発達障害の子への支援

発達障害の子についても、特に知的障害はなく療育手帳の対象ではないが、発達障害がある、という子への支援が、課題になっていると思います。特別支援学校等で支援すべきかというと、そうではなく、勉強がふつうにできるのであれば、一般学級の中で支援していくべきだと思うのですが、一般学級の中に、発達障害のある子を専門的に支援できる体制がある訳ではありません。我々障害児福祉の予算は年々伸びていますが、特別支援学級や一般学級の中での福祉的支援の充実に、もっと予算が充てられることが理想であると思っています。

こども家庭庁ができましたが、引き続き、厚生労働省、こども家庭庁、そして文部科学省で、連携して、様々な子どもへの支援を充実させていきたいと考えています。

コラム27▼インクルーシブな環境の中で専門的な支援を

土曜日のテレビ番組で、「インクルーシブ教育」について放送していました。

小学校は特別支援学校に行っていた知的障害の子が、一般の中学校に行き、本人と周りの子にもいい影響が出てきて、高校も一般の夜間高校に行けたという話です。

目指しているのはこういう世界だよなー、とか、障害児支援が充実して逆に分断が進んでしまっているなー、とか、思いながら見ていました。

でも、ネットでは早速「障害児を一般学級に入れるのは親のエゴ」との批判が。これもいかにもだなあと思いつつ、うちの兄の場合はもう少し早く特別支援教育が受けられていたらと思っていましたし、なかなか難しい話です。インクルーシブな環境の中で専門的な支援を行うこと、が目指すべき方向ではないかと思っています。

人材確保など、その他の課題

●分かりやすい仕組みに

障害者総合支援法には、改正のたびに新しいサービスが増えていて、分かりにくくなっていると言われることがあります。

障害者福祉予算は、15年間で3倍に増えていますが、これは、障害者総合支援法に基づく給付が義務的経費、国が必ず負担しなければならない経費に位置づけられているからです。一方で、例えば地域生活支援事業は、裁量的経費といって、こうした補助金についての予算は、ほとんど増えていません。平成21年（２００９年）の予算額が４４０億円だったのが、令和4年（２０２２年）は５１８億円です。

ですので、障害者総合支援法に基づく個別給付として義務的経費の対象とすることで、全国で当該サービスを増やしていくことができるため、障害者総合支援法の新しいサービスを増やしている面があります。どこかでサービスを分かりやすく再整理していく、あるいは包括的なサービスをつくっていくことも検討に値すると思います。

●地域共生社会

専門性が高くなっていくということには、その殻に閉じこもってしまうという傾向があります。しかしこれからは、障害者福祉の枠を超えて、高齢者福祉、児童家庭福祉、困窮者支援などとつながっていくことが重要です。

人口が減少している地域では、障害者と高齢者等を一緒に支援していくということが現実的となっていくでしょう。また、一つの家庭を見ても、高齢の親のこと、子育てのこと、そして障害など、様々な困難を抱えているということがありますので、総合的に支援していくことが求められてきます。

専門性を高めつつ、地域共生社会の中で、総合的に支援していくことが必要です。未来には、障害者をとった「総合支援法」であったり、「相互支え合い法」のような社会になっていったら面白いと思います。

●人材の確保

人材の確保は、障害に限らず、これからの福祉分野共通の課題です。

団塊世代が後期高齢者になる2025年までは、高齢者人口が増えていくので、サービス基盤の整備など、いかにそれに備えていくかが課題でした。介護保険の創設、年金のマクロ経済スライドの導入、後期高齢者医療制度なども、それに備えたものです。

2025年からは、高齢者人口の数自体は増えません。むしろ、15〜64歳の生産年齢人口が、減っていくことが課題になります。サービスを受ける側と支える側でいうと、受ける側の数は変わらず支える側が減っていくという状態です。それは、福祉現場で働く人材が減っていくということにもなります。

特に、私もそうですが、1970年代前半生まれの団塊ジュニア世代が高齢者になっていく（1970年生まれは、2035年に65歳、2045年に75歳）、支える側から支えられる側になっていく時をいかに乗り越えるかが課題です。団塊ジュニア世代には、働けるうちは何歳になっても働く、ということが求められるでしょう。福祉現場でも、介護助手、のような形で、シルバーパワーが支え手になっていくことは不可避です。ロボットやＩＣＴの導入などの業務省力化もあわせて行うことが必要でしょう。車も自動運転が現実のものとなってきている時代、例えば私のような大男はロボットがお風呂に入れてくれるような未来を期待しています。

●障害者福祉の現場をよりよいものに

技能実習で、外国の方が福祉の現場で働いているのを視察させていただいたことがありますが、若くてまじめでやさしいということで、好評でした。福祉現場で働く方の処遇改善も、これまで積み重ねられています。人材の確保というのは、これからの福祉共通の課題です。

保育課長のとき、福祉は、意外と、休憩時間があいまいとか、残業代もあいまいとか、労務管理がしっかりしていないということも指摘されました。福祉現場で働く方が、喜びを持って働けるような環境づくりを引き続き行っていかなければなりません。

そうした中で、障害者福祉のために働くことの喜び、楽しさを、もっと広げていく取組も重要だと思っています。若い世代でそうした発信をされる方々も出てきています。国が行っている共生社会フォーラムでも、新人の方が語り合う場が設けられているところです。引き続き、皆で障害者福祉をよりよいものにしていければと思います。

コラム28▼きのう何食べた

皆さん、昨晩、何を食べたか覚えていますか？

それでは、1か月前の夜、何を食べたか覚えていますか。

これは、障害者福祉ではありませんが、熊本時代に子育て支援の講演会で聞いた話です。

1か月前の夜、何を食べたか覚えていなくても、バランスのよい食事を重ねていれば、健康な子どもが育つ。偏った食事を続けていれば、不健康になる。

子どもの心も同じで、何をしたか覚えていなくても、楽しいと思える毎日を過ごせていれば、健康な心が育つ。

私は、この話は本当にその通りだと思っています。

日々の仕事も、できるだけ楽しく、前向きに働けていること、それを積み重ねられることが大切だと思います。

それができていないと、離職につながったり、場合によってはストレスから不適切な処遇につながったりということが起きる一因になるのではないかと思います。

別の方から聞いた話ですが、「自分で頑張ろうという心」と「自分を抑える心」の成長で、前者の成長が後者の成長を上回っている時期が反抗期だそうです。大人になっても、「自分を抑える心」がどこかにいってしまっている、ということがないようにしたいですね。「自分で頑張ろうという心」を発揮できるようにするためにも、風通しよく、効率的に、楽しく、働ける環境づくりが重要と思っています。

私が働いている職場も、そうした環境づくりが必要だと思っていますし、福祉現場についても、

―そうした楽しく働ける環境づくりが、働く人、支援を受ける人、皆のために必要だと思います。

おわりに

おわりに当たり、平成8年（1996年）、当時入省2年目、25歳の時に、精神保健福祉課の係員として、障害保健福祉部の部内報に書いた自己紹介を載せたいと思います。当時とは、制度も大きく変わってきています。後段に書いている精神科病院の状況等についても現在そのまま当てはまるものではありません。一方、私自身、それから様々なことを経験しましたが、障害者福祉への思いはあまり変わっていないと思います。

障害者福祉の見方は、人それぞれだと思いますし、障害者福祉への思いも、人それぞれだと思います。本書は、これまで障害者福祉に携わってきた私の知見をまとめたものですが、一つの参考として、障害者福祉に携わる方々の何らかの役に立てば幸いです。

●●●

【自己紹介】

私には知的障害のある兄がいます。私と三つ違いの28歳で、今は長崎にある施設で、豚や鶏の世話などをして暮らしています。なぜ遠く離れた長崎の施設にいるかというと、いわゆる作業的な授産施設よりも、自然の中で動物の世話等をして暮らしたほうが兄にとって幸せではないかと考え、両親がそのような施設を探したからです。離れてはいますが、毎週電話するとともに、月に1回は父か母のどちらかが会いに行っていますし、盆と正月には元気に帰ってきます。兄に会えるのはとてもうれしいことです。

私が幼い頃には、兄に障害があるということは意識しませんでした。いつも一緒に遊んでいましたし、兄弟喧嘩もする、ふつうの兄弟でした。兄にとってもそのころが一番楽しかったようで、今でも兄と話す時などは、なるべくその頃に戻ったつもりになって、話すようにしています。

兄は、小学校はふつうの学校に通っていました。低学年の頃は良かったのですが、高学年になるに連れ、兄は格好のいじめの対象となりました。優しくしてくれる先生や友達もいましたが、勉強ができず、動きもとろい兄は、先生方にも疎んじられるようになりました。ふつうに育てたいという両親の思いもあり、中学校も最初はふつうの学校に通っていましたが、結局上手くいかず、2年生の途中から特殊学級に転校しました。高校では養護学校に通い、卒業後これまで、長崎の施設で暮らしています。

私も小さかったので、兄が馬鹿にされているのを見聞きしたり、両親が学校の先生等に頭を下げているのを見ても、何もできませんでしたが、その頃から、「何とかしたい」という思いは強くありました。最初は、兄で苦労している分、両親を喜ばせてやろうと思い、とりあえず勉強に燃えました。兄のせいで親戚の中でも肩身の狭い思いをしてきたであろう両親でしたから、私が大学に受かった時は、大変喜んでくれて、私としても自分が受かったことと同じくらい両親が喜んでくれたことがうれしかったことを覚えています。

高校に入った頃くらいから考え始めたのは、何が兄にとっての幸せなのだろうかということでした。何が自分にとって幸せであり、夢であるのかとか、自分は何をして生きていきたいのかとか、そういったことを自分で考えられない兄にとっての幸せです。

そして、それは兄のことにとどまらず、兄のような状況にある者、また、兄のような子を持った親、そのような人達のために、自分は何ができるのかということを考え始めるようになりました。

大学に入ったころは行政に入っても大したことはできないだろうと思い、色々自分の進むべき道を考えましたが、結局厚生省を選び、2年目にしてまさに障害者担当の部局に配属となった訳です。

主任から部内報の原稿を書けと言われ、このように書いてみて、さて、自分は希望していた障害者担当の部局にいて、一体何をしているのかと改めて考えてみると、雑務におわれて結局何もできていないんではと不安になってきます。まだまだ、官僚としてはひよっこだし、大学時代アメフトしかやっていなかったせいか、大した知識もない自分ではありますが、少なくとも、この部にいるうちに、何かしら一つ、障害者施策の前進になることをやっておきたいと思います。

障害保健福祉部に来て分かったことは、まだまだ、やらなければならない課題が多いということです。特に我が精神保健福祉課は、やらなければならないことが本当に多いと思います。例えば、精神科病院への長期入院者の問題です。障害者施策を考える時は兄にあてはめて考えることが多いのですが、うちの兄も、詳しい事情は省略しますが、場合によっては精神科病院に入院していたかもしれなかった。もし兄が、精神科病院の長期入院者であったと思うとぞっとしますが、それが兄でなくても、やはりぞっとしますꞏ一方で、それぞれの課題には、なかなかすぐには解決できないだけの事情があるということも分かってきました。それぞれの課題についても、少なくても一歩前進となることができたらなあと思っています。

以上、長々と書きましたが、障害保健福祉部の皆様方におかれましては、体以外は未熟者の私ではありますが、今後とも、御指導、御鞭撻のほど、よろしくお願いいたします。

（入省2年目の部内報より）

索引

矢田貝泰之（やたがい　やすゆき）

神奈川県出身。平成7年旧厚生省入省。厚生労働省社会・援護局保護課長、子ども家庭局保育課長、障害保健福祉部企画課長、大臣官房参事官（人事担当）等を歴任。

やさしい障害者福祉入門

制度・法律の背景から最新の改正法まで

2023年8月30日　発行

著　者 ────── 矢田貝泰之
発行者 ────── 荘村明彦
発行所 ────── 中央法規出版株式会社
〒110-0016　東京都台東区台東3-29-1 中央法規ビル
TEL 03-6387-3196
https://www.chuohoki.co.jp/
印刷・製本 ────── 株式会社太洋社
装幀・本文デザイン ────── ケイ・アイ・エス有限会社
定価はカバーに表示してあります。
ISBN978-4-8058-8924-4